生涯野球監督　迫田穆成

83歳、最後のマジック

坂上俊次
Shunji Sakaue

ベースボール・マガジン社

生涯野球監督　迫田穆成

83歳、最後のマジック

まえがき

高校野球を知り尽くした名将の話は、面白かった。しかし、インタビュー取材をするのは少々苦手だった。

ギガ、テラ。それよりずっと前の時代である。テレビカメラの収録素材は、テープだった。23分。上限を超えると、テープ交換が発生する。まだ新人アナウンサーだった筆者は、テープ1本には収まるようにインタビューをする必要があった。

忘れもしない、２００1年の夏である。甲子園に乗り込んだ如水館高は、初戦に向けて最終調整を行っていた。62歳になったばかりの迫田穆成は、マスコミへの心配りが抜群だった。

「どうぞカメラで撮影してやって下さい。そのほうが、選手の気持ちも乗りますから。インタビューですか？　私でよければ、すぐお受けしますよ」

ベンチの前で、迫田のインタビューを開始した。

盛り上がった。

質問３つで、23分を超えた。

テープ交換のリミットを超えてしまったのだ。

聞き手として多少の反省はするが、どうしようもない。むしろ、話が面白いのだから一向に構わないというのが個人的な認識だった。

テレビの都合である。15秒程度のコンパクトでインパクトがあるコメントが欲しいのだ。その勘どころを押さえて重宝されるコメンテーターも少なくない。しかし、迫田の話法は違う。そのサイズにはまらないのである。20年以上にわたって取材を重ねてきた。録音テープも聞き込んできた。その上で、思う。迫田の真意は、テレビサイズでは難しい。

迫田話法を分析してみた。

「奇想天外な導入→その謎解き→問題提起→解決策」が典型的な形だろう。

最近の取材で象徴的なものがあった。

「最近、選手に練習でガムを噛ませるようにしています」（奇想天外な導入）

「現代では、口呼吸の選手が多いです。これでは力が発揮できません」（謎解き）

「日本では、赤ちゃんがおしゃぶりを止めるのが早いからだと思います」（問題提起）

「だから、ガムを噛ませて、鼻呼吸の方向に誘導しています」（解決策）

じっくり聞けば、面白い。しかし、コンパクトでインパクトがあるコメントとは程遠いものがある。

じっくり耳を傾けられる時代がやってきた。YouTube の登場である。『迫田監督野球チャンネル』だ。開設当初は編集もあったが、今や、10分程度はノーカットである。奇想天外な発想や視点に魅了される野球ファンは多い。

竹原高校野球部で迫田の指導を受ける選手たちも同様である。疲れもあれば、心が穏やかではないときもある、おまけに、監督と選手のジェネレーションギャップもある。それに、甲子園優勝監督は、「歴史上の人物」である。高校生は緊張もする。

「YouTubeでは、たくさんの人に興味を持ってもらえるようにしています。優しいおじいさんの雰囲気でしゃべっています。でも、中身は、自分たちのチームの選手にわかって欲しいことを包み隠さず話しているつもりです」

これなら、いつでも聞ける。気持ちを整理してから、空腹を満たしてから、横になりながら。優しい監督が、理路整然と野球を説いてくれる。

これは、迫田監督が指導法を時代に合わせていった一例である。

1950年代は、戦後まもない広島で広島商業の選手として、優勝旗を故郷に持ち帰った。1970年代は、精神野球と緻密な作戦で甲子園優勝監督となった。そして、1990年以降は、三原市の新設校である如水館高を8度の甲子園に導いた。チームづくりの手腕とベンチワークは「迫田マジック」と称賛された。

本書で深く迫りたいのは、ここからである。2019年、80歳にして、広島県立竹原高の監督に就任したのである。専用グラウンドなし、部員11人、地域の理解は浸透していない。そこで、迫田は「真の組織づくり」と向き合うことになる。

保護者たちと、膝を詰めて語り合う。これまではチームの常識だったようなことが通用しない。なぜ、遠征が必要か。なぜ、合宿が必要か。なぜ、サポートするスタッフが必要か。ひとつひとつを言葉にして伝えていった。地域に応援してもらうことも重要だ。そのためには、愛されなくてはならない。あいさつ、全力プレー、保護者や地域の喜ぶ野球、そして試合の結果である。

土を耕さなければ、作物は育たない。広島商業高には、伝統という土台があった。如水館高では、私学新設校のスピード感と夢があった。そして、竹原を舞台にした挑戦である。ゼロからのスタートだ。迫田にとって最後のチャレンジになるであろう。

難しい設定だが、迫田は高いハードルほど心を燃やす。誰も攻略できないといわれた作新学院（栃木）のエース・江川卓（元・巨人）だって、わずか2安打で攻略したではないか。

まもなく84歳だ。しかし、超ベテラン監督は焦らない。ひとりの選手を育てる。保護者が喜ぶ。地域が応援してくれる。監督の方針が信じてもらえる。卒業生が羽ばたく。彼らが、母校のグラウンドを訪ねて、師の考えを説く。気の遠くなるような仕事だ。

迫田はあきらめない。むしろ、「90歳までに甲子園に行けるかもしれない」と目を輝かせている。２０２２年春には体調を崩し、最悪の事態も想定された。家族も病院に呼ばれた。しかし、本人は何食わぬ様子で野球のことを考えていた。

メモ用紙を広げては、選手の名前やポジションを、何度も並べ替えていた。広島商業で監督になってから57年目の夏を迎えようとしている。

「志」は変わらない。

「野球への情熱」は衰えない。

「甲子園での試合運び」も貫くものがある。

ただし、アプローチが違う。

昭和・平成・令和。三つの時代を戦う生涯現役監督から、時代に合わせて変化するアプローチを学ぼうではないか。

人生の最後の一瞬まで「夢」を持ち続ける生き方を学ぼうではないか。

高校野球界で半世紀、今日も、YouTubeを舞台に、変幻自在の語りが始まる。テープの残量を気にする時代ではない。とことん、耳を傾けたい。

目次

第4章 チームにマジックを、町に活気を……85

第5章 迫田流「組織づくりのマジック」……111

第6章 課題のセンターピンを見つけよ……133

第7章　迫田の「死生観」

協力　迫田穆成
達川光男　桝本壮志
竹原市役所
資料提供　黒田真弓
岩川智子
写真　元 圭一　㈱LIFE MARKET PRODUCE
参考文献　『1973年　広島商業』（ベースボール・マガジン社）
企画協力　増井威司
プロデュース　笠間英紀　中村知喜
デザイン　神田昇和
編集　江國晴子
校閲　永山智浩

第1章

YouTuberになった高校野球監督

何歳になっても、挑戦はできる。50年前に甲子園で全国制覇を成し遂げた名将は、新たな境地に挑んでいた。81歳にして、YouTubeチャンネルを開設したのである。

野球のことを多くの人に知ってもらいたい。競技に馴染みの薄い人にも理解を深めてもらいたい。そんな思いから、彼はわかりやすい言葉で野球について語った。

思わぬ効果があった。コメント欄からは、激励を受けるのみならずさまざまな人の意見を吸収できた。再生回数からは、人の興味を惹く「切り口」を学んだ。

多くの人に向けてのYouTubeである。優しい語り口は、自らが監督を務める竹原高校野球部の選手たちの心にも浸透した。新型コロナ禍でもあった。対面が制限される中でも、選手たちは、名監督の「野球観」を学ぶことができた。

さらに、迫田は、ショートメールや「LINE」も駆使。こういったツールを使うことで、世代間ギャップを乗り越えていった。

「祖父と孫」の世代である。しかし、それは言い訳にならない。迫田は、常に、新たなアプローチをためらわない。

親子。上司と部下。教師と生徒。コミュニケーションに苦労する人も多いだろう。しかし、YouTuber迫田穆成の姿を見れば、ヒントが見つかるかもしれない。

81歳、甲子園優勝監督のYouTube挑戦

120年を超える歴史の広島商業高で甲子園優勝。新設の如水館高では、チームをゼロからつくり上げ全国大会の常連校に育て上げた。甲子園出場14回、22勝13敗（通算）。その手腕は、「伝統」と「革新」、どちらのステージでも証明された。

数字だけではない。サヨナラ満塁スリーバントスクイズ、待球作戦、わずか2安打での怪物・江川卓攻略。「迫田マジック」と称されるゲーム運びは、高校野球界の伝説になっている。

2019年、26年にわたって指揮を執った如水館高の監督を退任すると、迫田穆成は、長女・智子《のりこ》さんの住む広島県竹原市に移住していた。

のどかな町である。瀬戸内海に面し、気候は温暖だ。古くから港町として栄え、江戸時代には製塩業で栄えた。その街並みは、重要伝統的建造物群保存地区に選定され、観光客の姿も見受けられる。日本のウイスキーの父と呼ばれる竹鶴政孝の出身地で、NHK連続テレビ小説「マッサン」のロケ地にもなった。

人口約2万3千人。古民家を改造したカフェやホテルは注目を集める一方で、駅前の商店街はシャッターが降りたままになっているところもある。

80歳を前に、娘の住む街で、長年の疲れを癒す……。

こちらが頭に描いたストーリーは次々に覆されていく。しかも、迫田からのショートメールによってである。
「スポーツクラブに通い始めた」「万歩計で1日5000歩以上を日課にしている」「白い紙に考えを書くようにしている」
そこからは、「生涯現役」どころか「怒涛」である。原文のまま紹介したい。
「ご無沙汰しています。部員11人の（広島）県立竹原高校の監督をすることになりました。宜しく頼みます」（2019年79歳）
「笑わないで下さい。ユーチユウブ始めました。笑って見てやって下さい」（2021年81歳）
迫田を取材するようになって20年以上になる。多少のことでは驚かない。甲子園の試合後、モスバーガーで「ひとり反省会」をしている姿を目にしたことがある。試合直前のバスで選手たちが校歌を歌って一体感を醸成するのはよくある光景だが、迫田のチームは「湘南乃風」のラブソングを合唱していた。先日も、彼の車を覗くと、助手席には炭酸ジュースと日本経済新聞が置かれていた。
なので、竹原高校監督就任までは驚かない。あれだけの人材である。地域にとって、放っておく手はあるまい。しかし、「ユーチユウブ」には驚いた。

「家に帰って野球の話をしていたら、娘が、面白いねと言うんですよ。こういう話はわからんのかと思っていたら、そうではないらしいですね。それに、何か、残したい気持ちもありました。でも、文章を書くことは難しいですからね」

そんな迫田に長女・智子さんが提案したのが「YouTube」だった。

「私らは、『ユーチユウブって何なら?』という世代です。ただ、今の竹原高の選手らに知っておいて欲しいこともありましたし、残したいこともありました。やってみると、多少なりとも、周囲から面白いと言ってもらえることもありました」

その日のテーマを考えると、迫田はスマホに向かって一気に語り始める。編集やテロップは智子さんの作業である。

そこには、名将といわれた男にとって、新たな学びが詰まっていた。例えば、コメント欄である。「いや、野球界の人でなくてもここまで知っているのか。こんな意見があるのか。さらには、広島県外からも応援してくれる人がいるのか。一つひとつが発見でした」。

実際、YouTubeがきっかけとなり、竹原高校野球部後援会に北海道から寄付の申し出があった。

話し方にも工夫を重ねた。「わかりやすく。女性にもわかるチャンネルにしたいです。なるべく専門用語も控えるようにはしています。あらためて思いましたが、野球は恵まれています。ほとんどの人がルールを知ってくれています。応援してもらいやすい環境にあるスポーツだと思いました」。

さらには、再生回数である。ホーム画面を眺めながら、迫田は「ある法則」に気づいた。「タイトルの付け方でしょうね。これによって、反応が違ってくるような気がします。『負けないバント』『人生を変える年賀状』『今だから話す江川君のこと』とかいろいろやってきましたが、タイトルに『大阪桐蔭さん』や『広陵さん』といった具体的な名前があると反応が違うように思います」。

優しく話す。わかるように話す。見出しをつける。これらの発見は、5倍も年齢が離れた高校生とのコミュニケーションに大いに役立った。

『迫田監督野球チャンネル』は、動画のアップロードが100本を超えた。最近では1時間以上にわたってライブ配信も行っている。そこでは、近況報告だけではなく、野球についてのノウハウを惜しげもなくあきらかにしている。

「ああ、私は、ほとんど隠すことなく話しています。マネをしても、私の7~8割にしかなりませんから。そこから11~12割にはならんです。マネとは、そういうものです。でも、弟(迫田守昭・福山市立福山高野球部監督)には、『いい加減にしといてくれ』と怒られましたね。

毎晩、パソコンに向かってYouTube用の動画を撮影する。その日のテーマを決めると一気に、わかりやすく語る

勘の優れた人がマネしたら大変、ということでした」

座右の名は「創意工夫」である。先入観を持たずに、やってみる。そこから、視野を広げていく。攻略不可能といわれる投手にも、酷暑の甲子園にも、打ち手はある。ＳＮＳだって、年齢が「やらない理由」にはならない。

竹原高校監督就任から、まもなく4年になる。コールド負けが続き、20年間で1勝だったチームは変貌を遂げている。２０２２年夏の広島県大会では3勝を挙げ35年ぶりのベスト16入りを果たした。

最初の練習試合は9人で戦っていたチーム。しかも、監督就任以降ほとんどの時間は、新型コロナウィルスの影響を受けている。

それでも、迫田イズムは浸透していった。そこに「ＳＮＳ」が果たした役割は絶大だった。

LINEでホンネをYouTubeで真意を

「最近はね、もうコレなんです」。迫田がポケットから取り出したのは、スマートフォンだ。

80歳代の監督と10歳代の選手、「祖父と孫」の年齢差である。

「だからね。おじいちゃんなんですよ。しかも、なるべく優しいおじいちゃんじゃなければいけませんね」

　1970年代の教え子からすると、信じられないような言葉である。長時間練習、水を飲むことも許されない。監督には「ハイ」しかない。広島商業の伝統である「真剣の刃渡り」を精神統一のために復活させた逸話も残っている。

「時代が違います。今は、少年野球を見ていても、選手があまり怒られていません。怒っている監督が審判に注意されることもあるくらいです。少子化もあって、子供さんも家庭で怒られることが少なくなっているように思います。だから、面と向かって怒っちゃいけないんです」

　年齢差だけではない。高校生は敏感である。こちらが驚くほど、迫田監督についての書物などを読んでいる。その経歴を知るほどに、目の前の「おじいちゃん」は遠い存在になっていく。対面で問いかけても、「いやー」「僕はダメなんです」という答えしか返ってこない。

　ホンネを知りたい。迫田は、選手にＬＩＮＥでメッセージを送ってみた。すると、高校生の胸の内が見えてきた。

　ある3年生捕手のＬＩＮＥを引用したい。

「〇〇君のピッチング、凄く良くなっている気がします。（フォームを）インステップにしてストレートのキレが増したと思います。〇〇君も、カーブが良かったと思います。しかし、ムダなファーボールがあり、もう少しだと思います。でも17奪三振は凄い。明日も期待しようと思います」

すかさず、迫田は返信している。

「まだまだ完成には時間がかかると思います。ですが、少しずつ良くなってきていることがわかると思います。あなたにも、焦って育てようとは思っていません。高校1年生から指導していたらもっと要求していますが、大学に入って成長してくれればいいことです。何事も、計画して、時間をかけて完成させます。楽しみにしていて下さい」

そこには、笑顔が見えてくるかのような返事が続いていた。

「わかりました。自分で成長するには何が必要か、考えてやって行こうと思います。これからも頑張ります」

スマホをタップする迫田には、充実感が満ちていた。

「ＬＩＮＥのほうが、よい返事が早く返ってきます。わからないことも、調べて返信してくる

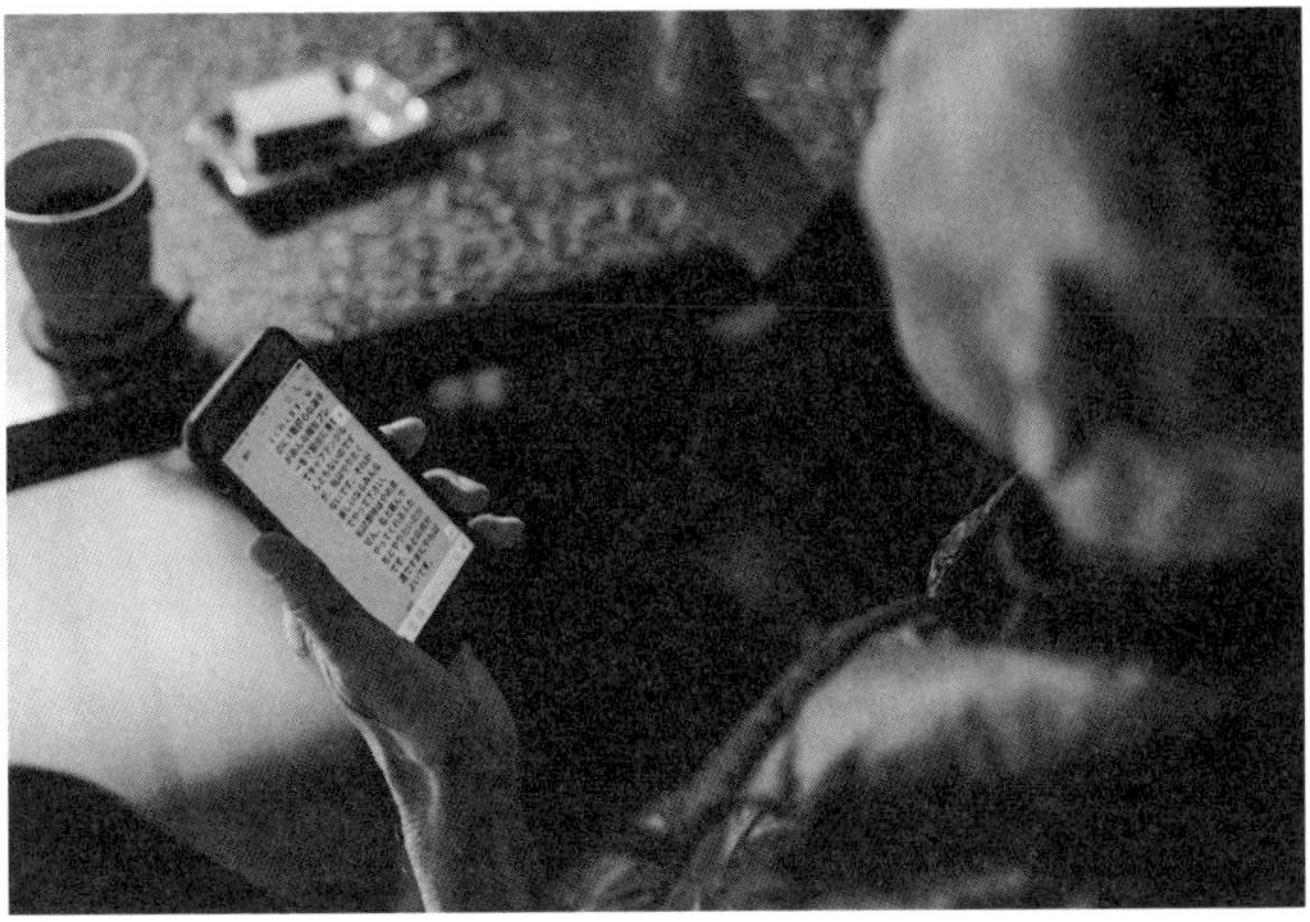

部員全員とLINEで毎晩のようにやりとりを行う。長文のキャッチボールが続くことも少なくない

のだと思います。それもいいでしょう。こちらも、言葉は選びながらも遠慮なく伝えています。選手も、パッと返事してくれます」

「対面」vs「非対面」という構図ではない。迫田が強調するのは、大人からの言葉の重要性である。広島商業の監督時代、迫田は、選手のスランプ脱出に「5人の言葉」を用いたことがあった。

「調子を落とした選手がいたら、5人に、その選手をほめるようお願いしたものです。1人目が『お、バッティングよくなったな』と言うと、選手は『まだまだです』くらいのものです。それが2人目がほめると、『そうでもないです』。3人目では、『だいぶ、戻ってきました』。4人目には、『結構調子がいいです』。最後に5人目がほめると、『見ていてください。絶対に試合で打ちますから』。そんな感じになっていきます」

言葉の大切さを物語るエピソードである。一方で、逆も起こりうる。5人がネガティブな言葉をかけてしまえば、選手の精神状態は地に落ちてしまう。

対面か非対面かが問題ではない。選手に好影響を与える言葉を運ぶには、どうすればよいか。その道筋のひとつがＬＩＮＥだったのである。

迫田は、自身のYouTubeチャンネルを見るよう選手に求めている。チームの現状も、計画も、反省も、包み隠さず語っているからだ。ときには、50年近く前の試合について15分近く語ることもある。

対面ならば、その内容を素直に聞けないこともあるかもしれない。しかし、YouTubeであると思えば、受け入れ方も違ってくる。選手たちは、自分の時間の中で、リラックスしながら迫田の話に耳を傾けることができる。

「そりゃ、話し方が優しいというのもあるでしょうね。選手に話すのだったら、もっと言い方が強くなりますから。YouTubeは、女性や若い人にもわかるように話していますから、選手も聞きやすいのかもしれません」

広商時代の厳しさを知る者からすれば「激変」かもしれない。しかし、実際は違う。迫田は、時代によって指導のベクトルを微調整しているのである。

1967年の広商の監督就任以来、厳しい練習を選手たちに課してきた。綿密なプレーを大観衆の中でも遂行できるよう、再現性を猛練習で極限まで高めてきた。ただ、その色合いは、1973年の時点で少し変わっていた。怪物・江川卓を攻略するため、選手たちは、自らバントや走塁の練習に取り組むようになった。江川を擁する作新学院を破ってなお、センバツの覇者である横浜高の強打を目指し、ナインは自主的に連日500~1000スイングを自らに課す。その自主的な猛練習の成果が、1973年夏の甲子園全国制覇である。

「あの頃は、もっと申し訳ないような、それくらいの練習をさせていました。練習時間も長ければ、ミスを厳しく注意する雰囲気でした。保護者の人から、もっとガンガンやってくださいと求められることもあったくらいです。でも、甲子園で優勝すると、周囲の目が違ってきます。そりゃ、指導でも、控えめにしなきゃいけないところも出てきます」

昭和の時代には、「やらせる練習」を「やる練習」に昇華させた。平成の時代には、「選手の興味を惹くような練習」を心がけた。そして、令和。迫田は、自分の言葉を「SNS」に託す。その思いは、自宅や寮でリラックスした若者の、心の中に入っていく。

SNSは世界に開かれている。チームを応援してくれる人の多さが感じ取れる。YouTubeをきっかけに、迫田の野球に興味を持つ少年もいる。選手の保護者もチャンネルを見るわけだから、家庭内でも部活動の話題が多くなる。

思いを届けること。真意を伝えること。小さな野球部のためには、周囲を巻き込むことも大事なミッションである。

そんなことも感じさせることなく、迫田は、スマホに向かって飄々《ひょうひょう》と野球を語り続けていく。

アウトプットが課題を見つけてくれる

定期的にアウトプットの場を持つことで、自分の考えに「テーマ」や「切り口」を持つことが増えた。

「どうしてもYouTubeではチームの報告のような話が多くなりますが、それだけでは、試合のない冬場に話題が少なくなりますし、興味を持ってもらえません」

２０２２年、迫田が熱く語ったテーマが「計画性」だった。夏の高校野球広島大会の抽選会直後である。その配信では、「7月15日は何をしていますか?」という選手への問いかけから始まっている。

竹原高校の初戦は7月11日の千代田高戦である。次の試合は16日、2回戦から登場する廿日市高が相手だ。ならば、7月15日はなんなのだろうか?

「7月15日は、五日市高と尾道北高の対戦です。この勝者と3回戦で当たることになります。私は、その試合を見に球場へ行きます。私はそういう計算でやっていますということです」

2回戦の相手である廿日市高は、あの山本浩二（元・カープ監督）を輩出した強豪である。この大会は、右腕エースの矢野凌大を中心に、期待の高まるチームだった。勝てる保証はない。それでも、迫田は、目標がある以上、勝利を前提に計画を組んでいく。

「計画性や計算が必要です。計算なしの一生懸命を、特訓と言います。それをやっていると、大事なところでバテてしまいます。1年間の計画を立てられるかどうかが分かれ目だと思います」

目標は、夏の甲子園である。ならば、「6月20日に2・3年生を仕上げておきたい」というのが迫田の考えだ。

「4月によかったチームが、そのままいくわけではありません。ならば、夏までに一度、原点に戻す作業が必要になります」

5月中旬、迫田は、野手に基本的なゴロ捕球を繰り返させる。そのとき、ランナーが打球の前を横切るように設定する。そのことで、野手は腰を低くしてプレーをする基本が再確認できる。これが一例である。その後、6月中旬に、全国レベルのチームと練習試合を組むのが理想だ。そして、6月20日にピークを持っていきたいのである。

「私は、12カ月、365日、何をするか決まっています。体調をつくる。キープする。カーブを上げていく。それぞれに計画があります」

6月20日のピークにさえ到達できれば、あとは迫田の手綱さばきである。

「そこからは、投手も投球練習を減らし、1日20球程度です。ボールの回転など基本の確認だけです。右足の親指から、足首、膝、腰、肩、肘、手首、最後に指先。これらが一気につながるかどうかです」

できていなくても、投げ込みには持ち込まない。「ちょっと走ってきてごらん」など、その他のアプローチから下半身などを意識させるだけである。

打者陣も、やみくもに量は振らせない。あるときは、1年生をバッティングケージに入れ、主力を含む上級生は、それを見ながらコーチ役である。

「ちょっと後輩を注意してご覧なさい。それができないようでは、ここまでやってきたことが自分のものになっていないということです。責任感を持たせる意味もあります。照れて注意できない人は、やってこなかったことと同じです」

大会が近づくと、練習時間は2時間限定にする。勝負が近づくほど燃えるのが若者の性《さが》であろうが、迫田は思い切ってブレーキを踏む。

「最初は、もっと投げたい、もっと打ちたいでした。でも、試合だって2時間30分ですからね。こうやって練習を減らすと、選手は試合がやりたくなります。試合が怖い。試合がやりたい。この心理的な違いは大きいです。肉体的なものもですが、精神的なコントロールも必要です」

現代風というわけではない。迫田は50年前の広商時代から、このプランニングを採用していた。約20年前に取材した如水館でも同じだった。甲子園に入ると、ピリピリ感はなし。短時間で練習を切り上げる。しかも、第1試合なら早朝に起き、午前中に練習。第4試合なら、起床時間を遅らせ午後に練習を組む。リズムのすべてを試合に合わせていった。

こういったことを、迫田は選手に問いかける。メールでヒントを与えれば、YouTubeでさらに時間をかけて解説もする。その狙いは、何も、目先の勝利だけではなかった。

「凄い選手を見つけてきてプロ野球選手を輩出するとかは、ノータッチです。それより、私と同じように指導者になる人が出たら嬉しいです。アマチュア、社会人とかで野球を教えられるようになってほしいです。なので、野球部員が少々多くなっても構いません。彼らに、全部を教えたいと考えています。すべてわかってくれたら、中学や高校でも教えられると思います。まぁ、YouTubeを見とってもらったらわかることですけど、そう言うてしまったら宣伝みたいなもんですからね（笑）」

明日を考える。来週を考える。来月を考える。「計画」という文字に閉じ込めれば少し、窮屈だ。しかし、迫田が思いを込めるのは「未来」の二文字ではなかろうか。

「YouTubeを始めて、考えることが多くなりました。何か面白いことを探して、話すようになりました。その作業が、また、自分の勉強になっています」

指導者になって半世紀以上の経験がある。アウトプットの場を見つけたおかげで、それらは体系的に整理されていく。

さて、7月15日、迫田の目の前で勝利したのは、五日市高だった。3回戦、竹原高は4対3の接戦でその五日市高を破り、同校としては35年ぶりの県ベスト16進出を果たした。4回戦こそ、甲子園優勝経験のある崇徳高に敗れたが、「この夏の3勝」は、あらためて彼の眼力の健在ぶりを示した形となった。

YouTubeが育んだ父と娘の絆

広島県竹原市の町並み保存地区、歴史的な情緒に多くの観光客がシャッターを切る。その一角にある築100年以上の古民家に住むのが、迫田の長女・岩川智子さんである。厚みとぬくもりのある陶器にファンも多い。1階の工房では、陶芸の体験もできる。

とにかく、声が大きく、明るい。だからこそ、初心者でもあっという間に陶芸の世界に引き込まれていく。

古い建物である。冬になると、陶芸教室は冷え込むことが多い。乾燥大敵、エアコンをフル回転というわけにはいかない。

ある日、智子さんは、教室のスペースに座布団が敷かれていることに気がついた。

「父が買ってきてくれていました。嬉しいですね。周囲からは、信じられないくらい仲良しだねって言われます。よく話もしますから、私も野球に詳しくなりました。あ、それに親子でもの見方が似通ってきた気がします」

工房の左側に一段高くなったスペースがある。一般的にはリビングのような位置づけであろう。テーブルを挟んで、来客に対応することもある。筆者も、陶芸教室の申込書はここで記入した。ときに、陶芸作品の発送作業をしていることもある。ここが、YouTubeの撮影でおなじみの場所だ。飄々と語る迫田の背景には、古民家独特の木のぬくもりがある。

撮影にあたるのは、長女の智子さんである。

もともと、高校野球監督である父親の話に興味を持っていた。ものの見方が面白かったのだ。

「子供の頃、美術の時間に彫刻刀で指を切ってしまったことがありました。ふつうは『大丈夫か？』が第一声でしょうが、父は違いました。いかに彫刻刀を使うときに注意が足りていないかと指摘されました。逆ですよね」

週末は野球の試合で家を空けることも多い父親だった。学校行事に参加してもらった記憶は少ない。しかし、智子さんに不満はない。むしろ、父の考え方にどんどん興味を持っていった。

「私も人と比べませんから、父のことを不満に思うこともありませんでした。それより、他人と違うものの見方がヒントになることが多かったです」

最近の傑作は、道に迷ったときの話である。

「ワシは道に迷っても、人に尋ねない。自分で考える。まず、ロシアがどっちの方向か考える。そうすれば、方向を間違えることはない」

多少のサービス精神も盛り込まれているだろうが、あながち全否定はできまい。それだけ、迫田は俯瞰《ふかん》で物事を見つめている。今風で言うならば、「メタ」なのである。

「そう思います。なので、選手が試合で失敗しても、この失敗は『あり』。成功したように見えても『ダメ』。父は遠くから、長いスパンで、俯瞰して、物事を見ているように思います」

そんな父の話を残したいと思うようになった。

「本は書けないよ」

父の素っ気ない返事を耳にしながら、智子さんはYouTubeに興味を持ち始めていた。やり方はわからない。デジタルツールに造詣が深いわけでもない。そんな智子さんの背中を強く押したのは、彼女の娘だった。

「やりたいと言うばかりでは始まらないよ。やってみなければ意味がない。娘に言われました。それでやってみることにしました。全く知識はありませんでしたが、調べればなんでもわかるものですね。YouTubeの始め方、サムネイルのつくり方、調べながら一つひとつやっていきました。たくさん他のYouTubeも見ましたが、あそこまでつくり込むことはできません。父の話を見てもらえれば十分です」

三世代の絆があってこそ、『迫田監督野球チャンネル』は誕生した。当初は、悪戦苦闘だった。動画が長い。音量が小さい。補足のテロップを入れる。収録中は、撮影する智子さんが紙に書いて時間の経過も知らせていく。

「迫田節といいますか、広島弁も含めて難しいでしょ。なので、編集を加え、テロップも入れていました。それがしんどくて。それより、続けることが大事かと考え、そういう手間は省くことに決めました」

一方で、「出演者」の迫田は自然体だ。

「今週のYouTubeどうする?」

「オッケー、明日夜にやろうか」

そんな会話で、打ち合わせは完了である。

「最初は話題のテーマをリクエストすることもありましたが、今は、父が自分で準備しています。私も、事前にトーク内容を知らないことが多いです。もう、父の中で、YouTubeでしゃべることが生活のリズムになっています」

迫田は、メモ魔である。以前は、運転時にも助手席にノートを置いていたほどである。常に野球のことを考えていて、タイミングを見て内容を書きつけているようだ。自宅でも同じである。どんな時間にも、白い紙を広げては選手起用やプランをまとめている。その紙の束は、山のようになっているそうだ。

父の話に、娘が耳を傾ける。それを、YouTubeという形にするように背中を押したのは孫だった。なんとも心あたたまる「三世代の絆」ではないか。

YouTubeチャンネル開設から、2年以上が経った。野球シーズンは竹原高の活動の中からテーマが生まれてくる。冬場には、切り口を見つけ、野球論を展開していく。コメントにも反応しながら、ライブ配信も定期的に行うようになった。

「プラス思考」の迫田は、いかなるときも前だけを見据えている。

如水館高の監督を退任し、智子さんの住む竹原市にやってきた。そのときも、ネガティブな姿は皆無だったそうだ。

「あのときも、父は楽しそうでした。次は何をしようかと考えている様子でした。落ち込んだ様子はありませんでした。いつも次の目標を持って、キラキラしています。今も、考えていることは、甲子園優勝だけではありません。ある意味でもっと先を見ています。保護者が喜ぶ野球が目標になっていますから、優勝しても終わりではありません。終わりがありませんから、父が脱力することもないと思います」

YouTube の収録は、日を追うごとに自然体になってきた。

「うしろに変なものが映り込まないようにするくらいです。あと、猫が映り込むのは楽しいのですが、犬はうるさくなりますから気をつけています」

先日、ライブ配信中に、猫が画面に入り込んでくるハプニングがあったが、迫田は、慌てることなく優しい目で猫を見つめた。

常識も非常識も。想定も想定外も。グラウンドであらゆる経験をしてきた。そんな父をカメラのモニター越しに見つめる。YouTubeチャンネルから伝わってくるのは、野球論だけではない。家族のぬくもりも届けてくれている。

第2章

迫田のコミュニケーション術

迫田に出会って20年以上が経った。いつも驚かされるのが、そのコミュニケーション術である。声を荒げない。考えを押しつけない。むしろ、名監督でありながら、「あの手この手」で選手に歩み寄っている感すらある。

監督室に選手を呼びつけると、そこにプリンやケーキがあった。選手の心が和んだところで、本心を引き出し、核心を突く。

社会の話題にも詳しい。芸能ニュースにも関心を示す。すべては、グラウンドのコミュニケーションに直結するからである。

監督の心が選手と「同期」すれば、組織は能動的に動いていく。若者たちは、指導者の意を汲みながらも自分たちから動き出す。それこそ、迫田の目指す境地である。

グラウンドに立てば、選手一人ひとりが瞬時に判断しなければならない。いかに名将でも、いつもサインを出すこともできなければ、タイムの回数も無限ではない。

どこか脱力している。何かを悟っているかのようである。昭和・平成・令和、時代によってカタチを変えるアプローチから学びになることは、少なくない。

ＡＫＢの名前を何人言えますか？

いきなり本題に入らない。本題に入らないまま終わってしまうことがある。

だから、迫田の取材は難しく、楽しい。

シュークリームの話、広島東洋カープの戦いぶり、テレビゲームについての考察。高校野球の取材のはずなのだが、この「マクラ」が面白い。単なる雑談ではない。すべてが野球につながっていくのである。

大島、篠田、高橋、板野……。いきなり、迫田は人の名前を呪文のように唱え始めた。２０１３年の取材である。

「坂上さんは、何人くらい言えますか。これ、ＡＫＢいうそうですね。こういうのを織り交ぜたほうが、選手もよう話をしてくれますね。でも、ＡＫＢ48総選挙いうのは凄いね。指原さんが1位になるとは予想せんかったですよ」

時代も変わったようだ。選手が関心を示すような話題を、指導者がインプットしている。歩み寄る部分も必要になる。

ゆでたまご。これも記憶に強い。練習中のベンチにゆでたまごを盛ったカゴが置かれていた。聞けば、「いつ食べてもいい。何個食べても構わない」ということのようだ。

「栄養の面もありますが、何かちょっと変化をつけてあげたかったです。興味を持たせるといいますか、リズムですね。同じことを同じようにするのでなく、自分で考えて動くことを持たせたいのです。屁理屈でもいいので、自分の『こうしたい』があれば、伸びる確率は違ってくると思います」

100円ショップもあった。選手数名のグループに500円玉を渡す。そして、「何か野球の練習につながるものを探してこい」と送り出す。

「そりゃ、ゴムバンドを買ってきてトレーニングを考える人。ヒモを買ってきて、投球や打球の方向性をラインで示す人。文房具を買ってきて、ようわからんことをやる人。なんでも構わないんです。自分で考えてもらうことが狙いです」

いかに、興味を持たせるか、自分ごととして動いてもらうか。主眼は明確だ。その方法論が時代によって違うだけである。

迫田は1939年、広島市に生まれた。6歳のときに原爆が投下され、終戦を迎えた。貧しかった。

「小学時代は木を切ってバットにしていました。中学時代も裸足で野球をやっていました。スパイクなんて、とんでもない。楽しかったですね、野球に取り憑《つ》かれていました」

　初めて甲子園に行ったのが広島商業高2年のときだった。現地入りすると、これまでと違う夢のような光景が広がっていた。

「ブドウ、みかん、いろんな差し入れが宿舎に届きます。それと激励会です。大阪の中華料理店に招待され、次々と料理が運ばれてきます。これまで、中華なんてラーメンしか食べたことがないわけですよ。年配の同窓会の人はあまり食べないわけで、我々のテーブルにご馳走がどんどん運ばれてきます」

　お開きとなり店の外に出ると、仲間たちは「妙」な顔をしている。迫田は、心配そうに声をかけた。

「どうした、大丈夫か?」

「お腹いっぱいになってしまって、最後、鯉こく（鯉の煮込み料理）が食べられなかった。残念だよ」

　迫田は、このエピソードを語るとき、今でも生き生きとしている。

「そうか。なら来年も甲子園に出場して、鯉こくを食べさせてもらおうや。次は、料理を全部食うで。チームは盛り上がりましたね。あれ以来、練習が苦しいときは、『オマエ、中華料理を食べたくないんか!!』が合言葉でしたね」

貧しかったが、そのよさもあった。30円ずつ出し合って買ったコロッケの味、みんなで10円ずつ出して買ったパンの争奪戦、真新しい野球道具。すべてが、モチベーションになっていた。

この料理のエピソードは、指導者になってからも多用した。当時のアルバムを広げると、豪華な料理の写真に選手たちは食いついてきた。

「甲子園に行ったら、こんなものが食えるぞ。まぁ、そのために、ちょっと練習したい作戦がある」

あっという間に、密度の高いミーティングの開始である。

しかし、平成、令和の時代である。豊かになった。食べ物だけでは、若者たちは前のめりにならない。そこで、ＡＫＢ、ゆでたまご、１００円ショップ……あの手この手で選手の心を動かしていく。

実績十分のカリスマ監督である。作戦や戦術を、一方的に浸透させることは可能なはずだ。しかし、それだけでは勝てないのが甲子園である。

「監督が思うだけの野球では勝てません。どこかで監督が驚くようなことを選手がやってくれなければ勝てません」

２０１１年、夏の甲子園、采配を上回るプレーが飛び出した。如水館は初のベスト８を賭け、能代市立能代商業高（秋田）と対戦した。１対２、１点ビハインドの延長12回裏、如水館の攻撃だった。一死一、二塁のチャンスで、二塁走者の門田透が三盗を試みたのである。この場面では、あまりにリスクの大きな作戦である。しかも、50メートル７秒２、決して足は速くない。かつ、ノーサインだった。

「あれは、ベンチからのサインで走っていたら失敗していたでしょうね。自分で判断したからセーフになったと思います。門田は、直前の守備でエラーをしていました。必死だったのだと思います。だからこそ、スライディングにしても、いつもより強いものになったはずです」

如水館は、この回に逆転し、同校初の甲子園ベスト８入りを果たした。

「選手が自分で考えてプレーしないといけません。監督がタイムをかけられるのは１試合に３回だけです。選手同士で考えて、動けるチームでないといけません」

では、ＡＫＢの話は、なんだったのか。

「あれね。そういう話をする中で、選手から野球の質問でもしてきたら、しめたものなんですけどね」

貧しい。これも力だった。みんなが、同じ方向を向けた。昭和の時代である。

ベテラン監督が、あの手この手で、関心をひく。平成の時代である。

そして、令和の時代。会話、メール、YouTube、LINE、その姿を変えながら、今度は「共感」と「納得」で選手を動かしていく。

迫田のあいさつの声が小さい理由

人生の大半をグラウンドで過ごしてきた。迫田の声は大きい。ひときわ声を張ってあいさつをするのは、野球人の性分であろう。

アスファルトの駐車場に車を停めると、体育館や各部室の脇を迫田は歩いてくる。

「こんにちは」

「はい、こんにちは」

バスケットボール部や相撲部とのやりとりの声が響くようになると、迫田の登場である。

今度は、椅子に腰掛けた迫田のもとに、野球部員が次々とやってくる。足を止めて、帽子を

「共感」と「納得」で選手を動かす。例えばキャッチャーには、ボールをまっすぐ送球する方法として足元に引いたラインを目印に投げさせる。「あともうちょい、右足曲げてごらん。OK。もっとようなるで。ナイスボール。今のOK。ええ投げ方や」。一球一球、ほめながら声をかける

取り、礼儀正しく頭を下げる。

ただ、百戦錬磨の監督である。この時間すらも、単なる儀式では終わらせない。選手の表情や心の動きを読み取っている。

如水館高時代、驚きのエピソードがあった。駅伝部の監督に聞いた話である。

「野球部の隣のグラウンドで走っているのですが、迫田監督さんは、調子のよい選手をズバズバ言い当ててくれるのです。ちょっとあの選手いつもと違うねぇ。そんな風に言われたときは、だいたい的中です」

そんなエピソードにも、迫田は、至極当然の表情である。

「毎日、あいさつしますからね。そのとき、微妙に明るかったり、元気がなかったり、そういうことは感じていました。駅伝のことは全然わからんのですが、そういうものが走りに出るんでしょうかね」

2019年から監督に就任した竹原高においては、確信犯の色合いが濃くなっている。

「この前も、選手を注意したんですよ。どんどん、あいさつの声が小さくなっていくんですよ。なんで元気がないのか。大事なのは常日頃ですよ」

これには、仕掛けがある。迫田は選手たちを試していた。

「私がね、わざと野球部員には小さな声でしかあいさつを返さないようにしただけです。すると、うちの選手たちのあいさつの声がどんどん小さくなっていきます。そりゃダメでしょ。意地が悪いかもしれませんが、相手の声の大きさによって変えてはいけないということです。つられてはいけません。それに、よく見ればいいんです。グラウンドに来るとき、バスケ部や相撲部には、いつものように私は大きな声であいさつしていますから」

周囲の状況に左右されない自分をつくること。迫田は「リズム」という言葉を用いる。自分のリズムが一定されてこそ、相手の「変化」に気づくことができるのだ。

「なんでもないときが、一番大事です。常日頃から緊張感を持っていれば、それが自分を救ってくれます。あのあいさつは、選手を油断させてみたということになりますね。それに、引っ掛かるようではいけません」

どんなときも、やるべきことを徹底する。たとえ技術が優れていても、プレーが雑になってしまう選手に迫田は厳しい。

「プレーを見たら、考えていることや性格はわかります。逆に、あいさつひとつでも、そこからプレーがわかるところもあります。あいさつひとつをとっても、こちらの材料にはなります」

すべてを野球に絡めて語るあたりに、若干の遠慮も感じなくはない。迫田は教員ではない。学校の指導について、学校の先生へのリスペクトはかなりのものがある。あくまで、「自分は野球の監督」というのが基本的なスタンスだ。

「でもね、あいさつは本当に大事ですから。それで、ずいぶん助かってきました。何年先かわかりませんが、あのとき竹原高のグラウンドで学んだことが役に立った、そう喜んでもらえたら幸せです。スポーツですが、教育みたいな要素は、やはりありますね。常日頃の動きの中から野球に持ってこられることがあれば一番です」

取材中、雨が降ってきた。

空を見つめるだけで、迫田は、無言である。

雨粒がある大きさになった瞬間、迫田は、声を張り上げた。

「よし、今日の練習は終わりにしよう」

それでも迫田は、空を見つめたままである。選手たちは、アウトドアチェアに深く腰掛ける迫田にあいさつをすると、タオルをかぶり部室へと走っていく。

迫田は、その姿すらも視界に収めていた気がしてならない。

わざと、サインは出しません

甲子園優勝監督である。色紙を差し出され、一筆を求められることもある。

「私は、あまり字が上手でなくて、嫌なんですよ」

書くことには躊躇《ためら》いはあるようだが、書く言葉には、躊躇いがない。

創意工夫。迫田の座右の銘である。

「高校時代から、考えなきゃいけんと思ってやってきました。監督になっても、屁理屈でもいいから考えるように言ってきました」

２０２２年春、迫田は練習場にガムを持ち込んでいた。高校野球のイメージからすれば、グラウンドでガムなど「論外」であろう。しかも、迫田は80歳代、新進気鋭の指導者でもない。

「投球練習を見ていても、選手が口呼吸になっていることがあります。やはり、ウエイトリフティングなどを見ていても思いますが、力を入れるときに口呼吸の選手って少ないと思うのです。我々の時代は鼻呼吸でしたが、今は、違う傾向もありますね」

そこで、ガムだったのである。確かに、ガムを噛みながら口で呼吸をすることは難しい。迫田なりの私案だった。かといって、押し付けでは、選手が成長しない。わずかであっても、選手が自主的に動く余白を残しておきたいのだ。

「なので、ガムは何種類も買ってきました。甘いガム、ピリピリするガム、3～4種類用意しておきます」

数種類のガムを前にすると、高校生に童心が蘇る。チームメイトと笑いながら、自分のガムをチョイスする。そして、やや申し訳なさそうに口にガムを入れると、各ポジションに散っていく。

ある投手がガムを噛みながら投球練習に臨んだ。すると、迫田は私に、選手に対してインタビューをするように頼んできた。

「放送で使わなくていいです。ちょっと、話を聞いてあげてください」

その感覚を、言語化させることで、選手に考えるチャンスを与えていたのである。


練習試合では、迫田がベンチに入らないことがある。采配をしないのだ。

「そういうことを普段からやっていれば、公式戦のときに違ってきます。バント、盗塁、エンドラン……先の展開を読むのが上手になります」

選手にサインをつくらせることもする。胸を触る、手首を触る、肩を触る、選手たちは嬉々としながらサインを考えていく。一方で、他の選手には、そのサインを見破らせるように促してみる。こちらも、目を皿のようにしてグラウンドとベンチを凝視する。

「こうやっていくと、選手たちが自分で考えるようになります」

迫田と同じサインは禁止である。選手たちは、何かしらのオリジナルを生み出さなければならない。

選手たちのサインは、複雑に動きを組み合わせても、すぐにチームメイトに見破られてしまう。ジェスチャーの構成だけが問題でもなかろう。選手の表情、ベンチの空気、サインを出すタイミング……ヒントがあちこちに滲《にじ》み出てしまう。

迫田は、ベンチであまり動かない。一定の場所に陣取ると、木彫りの座像の如く、落ち着き払っている。

「選手には、私の目の動きを追いなさいと言っています。座っていても、目は物凄く動いています。あらゆる物を目の中に入れて、サインを出しています」

竹原高の選手たちも、懸命に視野を広げる。投げた球だけでもなければ、自分が放った打球だけでもない。相手のことも、仲間のことも、球場の雰囲気も、より多くの動きを視野に入れてこそ、創意工夫である。


あのガムの日から数週間後、迫田は、1年生投手に付きっきりで指導を行っていた。身振り手振りを交え、一球一球にアドバイスを送っていた。明らかに、ボールの質はよくなり、選手が自信を取り戻す様子が見えた。

この夜、ある3年生から迫田にメールが届いた。

「今日の練習で、あの1年生がピッチングもバッティングもとても良くなっていました。何をどうしたのですか？　もし差し支えがなければ、お聞かせくださいませんか？」

迫田の返信は、極めて短かった。

「それが分かったのなら、それだけでいい」

大事なのは、技術面の指導内容ではない。周囲に目が届く、そこに関心が向き、考えてみる。さらに、この3年生は、行動にも移している。創意工夫の道は、この時点で、8合目まで到達したのと同然である。

翌日の練習試合、メールを送ってきた3年生はホームランを打った。

「普段の練習の中に、選手が勉強できるものをつくっていくのが我々の仕事でしょうね。だから、野球部員が100人いても構いません。試合に臨めるのは、20人くらいのものでしょう。しかし、あとの80人にも学びはあります。将来は指導者になれるくらいの知識も付けさせたいし、社会に出て役に立つこともあるはずです。20人の選手だけでなく、80人が勉強できるチームをつくる。そのためのキーワードが、創意工夫です」

いろんな練習を見てきた。ボールを変えてみる。打球方向や投球角度を確認するため、グラウンドに紐を張る。新聞紙を丸めてみて、落ちる球をゴルフスイングのようにとらえてみる。

一人に付きっきりで指導することも多いが、そこから全員が学べるチームづくりを行う。「わしのやっているの、見にゃいけんよ」「よしよし、これができたら四番打てる。絶対ようなるけ」。ダメなものはダメと言い、いいときにはすかさずほめる

理論的な説明も聞いたことはあるが、問題はそこではない。
選手に興味を持たせ、一瞬の「?」を頭に浮かび上がらせる。
そこから、共に考えて、試してみる。

「やってみせ、言って聞かせて、させてみせ、ほめてやらねば、人は動かじ。
話し合い、耳を傾け、承認し、任せてやらねば、人は育たず。
やっている、姿を感謝で見守って、信頼せねば、人は実らず」(山本五十六)

迫田がやっているのは、単なるスポーツの技術指導ではない。どこまでも、「人づくり」。その向こうに、甲子園がある。

「タイム1回」を残せるチームづくり

かつては無制限だったが、今の高校野球では「タイムは3回」である。ひとつの指示で野球の流れは変わる。作戦面だけではない。極限の緊張の場においては、わずかな間合いが球児に与える心理的な影響は小さくない。

「タイムが3回までになって、野球が変わりました。1回は序盤で選手が緊張する場面、1回は何かのときのために残しておきたいです。頻繁にタイムはかけられません。こうなると、選手同士が指示を出し、考えられるチームが有利になります」

かつての迫田は、さらに打ち手が頻繁だった。ここ一番のチャンスでは、選手交代のみならず、走塁面の指示を出すサードコーチャーも代えていた。

「大事な場面でランナーが二塁に進むとサードコーチャーを代えていました。広商では（中心選手の）達川（光男）や金光（興二）に行かせることもありました。それくらい状況のわかった人間がやることが大事です。勝つことに対して私と同じ気持ちの人でないといけません」

選手がチームの方向性を理解する。それをグラウンドで実行する。監督がタイムをかけなくても、状況を把握し的確な判断ができる選手の集団でありたいのだ。

「2点リードの9回裏、ランナー二塁となると選手は凄く緊張します。ランナーを気にして守備にエラーが起こることも少なくありません。そういうときに冷静でいられるかがポイントです。まだ2点のリードがあると思えるかどうかです」

1973年のチームは理想的だった。夏の広島大会・決勝戦は崇徳高との対戦だった。甲子園をかけた大一番で、選手個々の判断力が光った。

試合は4対0と迫田が率いる広島商業高がリードして終盤に突入していた。8回、崇徳高は無死二、三塁から、内野ゴロなどで2点を返した。リードは2点。反撃の崇徳高は、9回一死一、二塁のチャンスをつくった。ランナーが2人返れば、同点だ。この場面での守る選手たちの冷静さに、迫田は驚いた。

「あの場面で緩いゴロ打球が三遊間に飛んでいきました。ショート→セカンド→ファーストの併殺というイメージが頭をよぎりました。しかし、ショートがセカンドに送球したあと、セカンドがサードに投げたのです。ランナーは三塁を大きくまわっていたため、タッチアウト。これでゲームセットです。こういうことを瞬時の判断でできるチームでした」

ここ一番でのプレーを可能にするのは、常日頃の高い意識の積み重ねである。だからこそ、迫田は選手たちに判断能力を持ってもらいたいのだ。そのために、練習試合で監督がサインを出さないこともある。サインをつくらせるという経験も積ませる。公式戦でも、ノーサインのプレーを排除しない。

「三盗にしてもサインはありますが、スタートを切れると思ったら自分で判断しても構いません。ノーアウトでも、初球でも、そう判断したならOKです。二塁への牽制球もサインより自分らでやったほうがアウトにできる確率は高いです。何より、選手がやる気で前のめりになることが大事です。指示されたプレーより、選手がその気になったプレーのほうが強いです。やらされたプレーは、どこかぎこちなくなります。監督として教えはしますが、あとは自分たちでやりなさい。そういうチームにしておけば、似たことが甲子園でできるのだと思います」

一つひとつのプレーの精度だけではない。大舞台で力を発揮できるかどうかは、「自分ごと」としての判断力にかかってくる。

「ですから、常日頃が大事です。問題は、プレーそのものだけではありません。状況が見えているか、あらゆる視点から物事を見ることができるか。それを、思い切ってやれるか。仲間に声をかけられるかです」

といっても、人間は完璧ではない。迫田が目指すのは、仲間同士が注意喚起できるチームづくりである。

「バントがあるぞ。エンドランがあるぞ。例えば、こんな声かけができるようになれば、選手の動きそのものも違ってきます。声を出せとよく言われますが、このためだと思います」

状況をしっかり見る。自分で判断する。その考えを声に出して伝える。そう考えれば考えるほど、野球と日常生活は別物ではなくなってくる。

「やはりそういう教育のようなことをやっていかないといけないでしょうね。常日頃の生活がちゃんとできて、それが野球に持ってこられるようになってほしいです。そうすれば、将来の人生にも役立つと思います。本人にも保護者の人たちにも、喜んでもらえる野球になると思います」

前例の少ない奇抜な作戦。統計的に確率の低い作戦。これらが成功したとき、我々は「マジック」だと称賛する。しかし、それは突然に生まれるものでもなければ、偶然でも起こらない。奇抜に見える作戦を、緊張の大舞台であたりまえのようにやってのける。そのために、迫田は、いつものグラウンドから種を蒔き続けている。その地道な積み重ねこそが、マジックの「タネ」なのかもしれない。

ベンチで最後列に座るわけ

かつての教え子が夏の地方大会でテレビ解説をすることも少なくない。準決勝や決勝ともなると、ワイシャツ姿で「取材」にやってくる。迫田はメディアを大事にする。話好きでもある。試合前のベンチで、かつての教え子と話し込むことは珍しくない。

会話をしながら迫田は不思議な行動をとる。突然、ベンチから目の前のグラウンドにボールを転がすのだ。

「相変わらず、やってますね」

その光景を見ながら、かつての教え子は目を細める。人のいない土のグラウンドに、不規則にボールを転がす。そこに、なんの意味があるのか？

「選手が試合を前に、平常心かを確認しているのです。足元にボールが転がっていて、これをパッと拾える選手は状況が見えています。しかし、準決勝くらいになると、緊張のあまり周囲が見えなくなってしまうことがあるのです。そこを確認しているつもりです」

常日頃が大事であり、常日頃と同じ状態で試合に臨んでほしい。だからこそ、迫田は、選手の「常日頃」もチェックする。

ボール探し。ゲームのようなアプローチを用いたこともある。練習日、迫田がグラウンドのあちこちにボールを隠し、選手が探すというものだ。さながら、ボールの「かくれんぼ」と説明すればわかりやすいだろう。

「ここに選手の常日頃が出ます。毎日の練習で、飛んでいったボールを回収しているわけです。その中で、ボールの見つかりにくい場所ってあるはずです。ベンチのうしろ、ボールの裏側、本部席の陰……そういうことを、日々の行動で意識できていれば、隠したボールはすぐに見つかります。普段から漫然としていては、時間ばかりが過ぎていきます。普段のことが意識の中にあれば、野球でも相手の変化に気づくことができます。変化に気がつくかどうかは、常日頃をインプットできているかどうかが鍵ですから」

迫田は、定点観測を怠らない。あいさつ、表情、仕草、すべてを視野に収めたいのである。相手ベンチの変化や隙を見つけ、すかさず突く。「迫田マジック」のイメージである。しかし、それがすべてではない。自分たちのベンチに変化はないか、つぶさに観察するのも欠かさない。

「だからね、一塁側とか三塁側、どちらか一方のベンチに入るのでなく、両方が見渡せる位置から指揮を執ってみたいですね」

それは、ルール上叶うことではない。しかし、迫田の意識は、可能な限り「俯瞰」で「メタ」に状況を把握したいのだ。

だから、迫田は、ベンチの最後列に陣取る。前列からエネルギーを全開にして選手を鼓舞することも重要だ。しかし、迫田は、可能な限り自分たちのチームを視界に収めておきたい。そして、わずかな変化の芽も早めに摘み取っておきたい。

「自分たちの変化が感じられないようでは、相手の変化も察知できません。選手たちに、同じような感覚であってもらいたいです」

広島県は野球王国でもある。福岡ソフトバンクホークスの柳田悠岐らを筆頭に、多くの強打者も生み出している。そんなライバルを前にすると、迫田の観察眼は鋭さを増す。

「大会中に絶好調の打者でも、うちは打たれていないケースもありますよ。すべてではありませんが、ちょっとした気づきで変わってきます。例えば、一、二塁間のヒットが多い打者です。そのときに、二塁手を右方向に寄せる指示を出せるか、二塁手が意図を理解できているか。さらに、『逆方向の二遊間を抜かれてヒットになるのはＯＫ』と明確に言えるか。そのあたりでしょうね」

変化に気づくのは、ピンチとチャンスの第一歩であろう。そのためには、あくまで常日頃の冷静な観察である。知将・迫田は、今日も、ベンチの最後列から視線を送り続ける。彼のマジックは、地道な観察から始まっている。

達川光男が語る「迫田流コミュニケーションの真髄」

81歳になった恩師がYouTubeチャンネルを開設した。しかし、その思考を知り尽くした教え子は、驚かない。

「もともとじっとしているのが好きではなく、常に挑戦している人です。どのようにすれば人生が充実するか、いつも考えている感じがします。いろんなことについて、教え上手で話し上手です。口でも迫田さんには勝てませんよ」

そう話すのは、広島商業高で1973年夏の甲子園全国制覇を達成したメンバーの達川光男である。カープ黄金時代の名捕手であり、コーチや監督も歴任した。そして、なんと言っても「話術」である。豊富なエピソードにユーモアをちりばめた野球解説で全国区の人気を誇っている。

50年前である。上意下達のコミュニケーションが一般的であっただろう。だが、迫田のコミュニケーションはあきらかに異色だった。

「迫田さんは、独特なものを持っていました。選手への声かけがうまかったです。ちょっとした変化に気がついて話しかけてくれます。『こうやれ！』なんて言われることはありません。『こうやってみたらどうか』という提案があって、『どうや？』と本人の感覚を聞いてくれます。当時はＶＴＲのない時代でした。柔軟に対話しながら個性を生かす声かけをしてくれた印象です」

当時、バットのヘッドを投手方向に傾ける選手がいた。一般的には、動きの中でロスが生じてしまう。指導者から修正が入っても不思議ではない。しかし、迫田は違った。

「いろんな意見を聞く監督でした。自分の意見が絶対に正解というわけではない。その前提で話を聞いてくれました」

迫田のコミュニケーション力の源は、「聞く力」だった。あらゆる人の話に耳を傾けながら、視野を広げていたのである。なかでも、迫田も師と仰ぐ合気道の住田芳寿先生の影響の大きさは達川も感じるところである。

「住田先生との出会いの中で、指導に変化があったような気がします。ポジティブな声をかけてくれて、こちらも何かやれそうな気持ちになれました。住田先生のミーティングも役に立ちました」

住田は広商ナインに数々の「予言」をした。その一つひとつが、選手たちを前のめりにさせた。

「おまえらは日本一になれる」

この言葉を達川は忘れない。選手の心はひとつになり、同じ方向を向くようになった。そして、甲子園全国制覇も成し遂げた。

ポジティブな声をかけながら、選手を「その気」にさせる。どこまでも前を向く思考法は、迫田自身が体現していた。

「如水館高の時代です。広島市民球場で迫田さんのチームがサヨナラ負けする場面を見たことを覚えています。相手のサヨナラのランナーは微妙なタイミングでホームイン。アウト・セーフのどちらにも見えるものでした。でも、迫田監督は審判に抗議することもなかったです」

そもそも、迫田が審判に抗議する場面を見たことがない。それは、達川も同じである。

「言っても無駄なことはしない監督です。対戦相手を称える監督です。最後のプレーがどうこうでなく、サヨナラ負けになるような場面をつくったこちらに責任があるという考えです。サヨナラエラーで負けても、エラーした張本人ばかりを責めはしません。そこに打たせるような攻めをした投手にも責任があると考える監督でした」

そのあたりの考え方は徹底されていた。迫田の口癖は「サヨナラエラーをしても許してもらえるような選手になれ」。これは、竹原高を率いるようになった今も一貫している。

試合を決定づけるプレーだけが重要なわけではない。そのひとつ前のプレーも重要性は変わらない。さらにその伏線も重要になる。

「そうなると、一つひとつのプレーの大事さがわかります。迫田監督は、日々の生活の重要性を強調します。授業中も含めた学校生活のことも言われます。そう考えると、一日一日を無駄にしないように意識できます」

物事を大局的に見て、プラス要素を見つける。だからこそ、発する言葉に悲壮感はなくなる。選手たちは、明るい気持ちで次のプレーに挑んでいける。

「迫田監督はユーモアの塊でしたよ。半世紀も前のことですが、冗談も交えて話をしてくれたことを覚えています。説教ではありません。ミスがあれば、ポイントをひとつ言うだけです」

おおらかさを感じさせる広島弁。迫田と達川の共通項である。ポジティブでユーモアも交えた語り口だが、そればかりではない。絶妙なバランスがある。

「それでも怖いと言えば怖い存在でした。言葉は冗談を交えていても、目線は厳しいものがあります。その中で、愛情を感じる監督でした」

目線は厳しく、その言葉は温かく。指導歴は50年を超えた。迫田監督の指導法の要諦は、そのユーモアの向こうにあるようだ。

第3章

生涯勉強
迫田流「学びの極意」

「リスキリング」という言葉が流行語になった。常に新たな知識を身につけ、変化を厭《いと》わない姿勢こそがキャリア形成には欠かせないのである。

高校野球監督になってから50年以上になる。迫田の野球が古びることがないのは、あらゆる人から学び続ける姿勢があるからだろう。奇想天外な作戦も、2度目になれば相手にもインプット済みになる。指揮官は、その度に「次なる打ち手」を求められる。尽きないアイデアの源泉に迫りたい。甲子園で勝つために、迫田が扱うのは「野球の戦術」だけではない。極限の状態で揺れ動く「人間の心」である。だからこそ、あらゆることが学びにつながる。

迫田が80歳代になっても現場に立つことができるのは、終着点を決めずに、ひたすらに成長を求めてきたからであろう。

67歳、甲子園で敗れた迫田は、如水館高のグラウンドを離れた。当時、高校野球界で注目を集めていた駒大苫小牧高に向かったのである。冬場のトレーニングは全国のメディアで注目されたが、甲子園を沸かせたチームの強さの秘密は、それだけではなかった。

選手個々が主体となって、自分たちで試合を動かしていく。生き生きとした姿は、ここから16年以上続く迫田の指導者人生に大きな影響を与えた。何歳になっても学ぶ、誰からも、何からも学ぶ。迫田の生涯現役には、理由がある。

67歳、雪の北海道「学び直し」の旅

２００６年、迫田が率いる如水館高は夏の甲子園２回戦で敗れた。優勝候補の帝京高を相手に５回までは０対２とリードされながら、ジワリジワリといつものペースに持ち込んでいく。１７０センチ61キロと小柄な奥川裕幸が打たせて取るピッチングで、懸命にゲームをつくる。攻撃陣は、帝京高の豪腕・大田阿斗里（元・横浜ＤｅＮＡほか）に食らいつく。そして、６回、７回に１点ずつを奪い、同点。まさに迫田のペースだった。しかし、５人延べ８投手を繰り出す継投も実らず、終盤に大量失点、２対10での敗戦だった。

この秋、迫田は「学び直し」の旅に出た。向かったのは、北海道だ。この夏、早稲田実業高に敗れたものの、田中将大（現・楽天）を擁し甲子園準優勝を飾った駒大苫小牧のグラウンドである。雪の深い苫小牧から巻き起こした爽やかな旋風は、高校野球史に残るものだった。

迫田は、野球における「地政学」のようなものに考察が深い。広島県内であれば、長く続いた西部地区（広島市など）勢の優勢を敏感に感じていた。一方で、如水館高では、東部（福山・三原市）からの躍進に心を燃やしていた。

「やはり広島では、旧・広島市民球場が決勝の舞台です。そこに普段から慣れているチームは有利だと思います。それに、東部地区からの進出だと（旧）市民球場近くの宿舎に泊ることに

なりますが、こういったところから微妙にリズムが崩れることもあります」

実際、迫田は、熊本への遠征を必ず年間スケジュールに組み込むなど、入念な準備で夏の大会に臨んできた。

そんな苦労をしてきただけに、高校野球の「地政」の変革に興味を持っていた。「雪の北海道から素晴らしいチームが生まれました。私の弟が監督をした広島新庄高も広島県北部のチームです。冬場は雪の環境でありながら、チームは着実に強くなっていました。これは凄いことだと思います」。

余談だが、迫田は寒さが苦手である。とくに、冷え込む日の早朝はあまりスケジュールも入れたくない。

雪が積もると練習ができない。そんな通説を覆したのが、駒大苫小牧高を率いた香田誉士史監督（現・西部ガス）だった。そのグラウンドに足を運ぶと、練習の密度と工夫に驚かされた。

「こちらの雪と違います。溶けませんから、雪の上でも工夫すればノックすることができます。外で2時間やって、室内練習場で2時間です。冬でもしっかりと練習をしていました」

打撃練習では、迫田のチームと同じ練習メニューが行われていた。ストライクゾーンの球を打ち、ボール球を見送る。これが一般的な練習風景であろう。しかし、迫田は練習において、ボール球にも対応するよう求める。駒大苫小牧も同じだった。

「真ん中のボールしか打たないのでは、成長できません。高めのボールも低めのボールも打てたほうがいいです。２ストライクから対応することができるようになりますから。うち（如水館高）の選手は、これをやっていますから２ストライクから長打を打つことができます。これには対戦相手も驚きます。いかに追い込まれたカウントからのバッティングを充実させるかです。バットが出るようにしておかなくてはいけません」

高校野球界の最先端を行く香田監督から、「創意工夫」を再確認した。同時に、さらなる研究が必要なことも痛感した。

「勉強というと大袈裟ですが、同じようなことでも続けているうちに見えてくることがあります。打順や気づきをノートにつけていますが、めくってみると同じようなことばかりを書いています。それが、ずっと見ていると、少し変えればいいポイントが見えてきます。そういうものだと思います。物事は一気に進みません」

自分より32歳も若い監督の野球に向き合う姿も、学びになった。

「彼は、相手にすると戦いにくい男です。生意気な男、カリカリする男、そんな監督のほうが戦いやすいです。こちらもファイトが沸くし、隙も生まれます。それが、若いのに落ち着いていて、何より野球のことをとても勉強しておられます」

迫田は半年近くチームを離れ、野球を見つめ直した。彼自身も、野球への情熱を再確認でき

気づいたことがあればすぐにメモする。同じようなことを書いていても、
続けていると見えてくることがあるという

た。同時に、その間、監督が離れることで、チーム全体の力を引き出そうとした。コーチは指揮を執ることで、さらに俯瞰した眼でグラウンドを見るようにもなった。

67歳、一般企業ならば退職の年齢である。経営に携わっていても、会長職かもしれない。しかし、「学び直し」の期間を設けたことで、迫田はまだまだ進化した。そこからも如水館高で指揮を執り、2011年夏には72歳にして同校初の甲子園ベスト8進出を果たした。さらに、指導者のキャリアは80歳を超えても続いている。

生涯現役。口にするのは容易いが、それを可能にするのは、「いつまでも」「誰からも」学び続ける姿勢なのである。

本は読みません、でも、話は聞きます

120年の伝統を誇る広島商業で、選手として優勝旗を手にし、監督としても全国制覇を成し遂げた。しかし、迫田に、伝統の継承者という意識はない。むしろ、自らを「異端」と位置づけることすらある。

「本ですか？ そんなに読まんのです。難しいことを読んでも、わからんですから。でもね、人の話は聞きますよ。でも、高等な話は私には難しいです。お寺の和尚さんとか、お医者さ

んとか、会社をやっておられる方とか、学校の先生とか、言うことに魅力がある人がいますね。それに、ふつうのおじさんやおばさんの話の中で、ひらめくことがあります。そういうのは覚えておいて、選手に話してやろうと思います」

甲子園優勝監督である。教え子も、プロ野球や社会人野球に輩出している。トップ選手の話を聞くチャンスは少なくない。プライベートで、黄金時代のカープの顔である山本浩二や衣笠祥雄らと会話する機会もあった。

「でもね、あんな凄い選手に話を聞いてもわからんことも多いです。レベルが違いますから。ましてや、うちらの生徒にはわかりません。よく、プロのトップの人にアドバイスを求める人もいますが、私はしません。それより、わかりやすい話を求めましたね。私に必要なのは、選手に話ができることです。高度な技術の話ではなくても、5万の大観衆の前でプレーするのに、大事なことはたくさんあると思います」

1970年代、迫田が教えを乞うたのが、合気道の住田芳寿師範だった。

「合気道いうのは、生か死かの世界です。野球も、どんな試合をしても、負けたら終わりです。ここで失敗したら、終わり。練習から、そういう意識でやらないといけないと学びました」

精神集中には時間を割いた。合宿では、ろうそくに火を灯し、腹式呼吸で心を整えさせた。その状況で、バットスイングやシャドーピッチである。

「どんどん強い選手を集めてくる野球ではありません。それより、私の野球に魅力を感じている。そういう奴を教えたいです。彼らには、あらゆることを教えますので、将来はどのカテゴリーであれ野球の監督をやってほしいです。そのためには、わかることをわかりやすく。これが大事になります」

グラウンドでの心構え。チームプレーの何たるか。どういう精神状態であるべきか。シンプルな言葉を選手の心の奥まで浸透させる。この繰り返しで、チームの考えはひとつになっていく。

「いきなり、フォークを打つ、チェンジアップを打つ。こうやって打つ。そんなのはできませんよ。まずは、緩い球を打てないと、速い球は打てないでしょ。それに、難しいことができなくても、勝ちにつながることはあります。ランナー三塁でバントができれば、1点は取れます。（相手が好投手でも）びびってしまったら、打ちやすいボールを投げてくるかもしれません」

迫田は、合気道の住田を「師匠」と位置づけた。5万の観衆、負けたら終わりのトーナメント、やるのは高校生。いかに平常心でいられるか、いかに平常心を失わせるか、ここに重きを置いたのである。

一方で、伝統校の懐の深さである。50年以上前だ。メンタルコーチやトレーニングコーチを招く時代ではない。むしろ、外部をシャットアウトしてもおかしくはない。それでも、門を開いてくれた環境が誇らしかった。

「サコ、親しくしてるという住田先生に会わせてくれや。おまえの話を聞いてたら、どうやら素晴らしい人物のようだ」

声をかけてきたのは、恩師である畠山圭司（元・広島商業高野球部長）であった。年代や立場を考えれば、外部の人間を拒絶する方向性であっても、不思議ではない。

畠山と住田は、すぐに意気投合した。

「これからの広商には、あなたのような人が必要です。ぜひ、よろしくお願いします」とは畠山。全国屈指の伝統校だ。外部の指導者を入れた前例はない。さまざまな声もあったが、畠山がシャットアウトだ。迫田は、合気道の教えを交えながら、自分のチームづくりに邁進した。

余談ではあるが、迫田のアンテナは、常に時代に敏感である。後年には、最新のトレーニング方法に興味を示し、チームに導入しようと試みたこともあった。

「野球経験がない」。本来ならば、それが不利に働くことが多いだろう。しかし、迫田の柔軟な頭脳にかかると、これも強みに変わる。

「確かに、住田先生は1回も野球をしたことがありません。ですが、考えてください。他の監督さんは、野球界の人だけに教わっていました。私は、そういう人にも教わっています。それをやらせてくれた広商にも感謝していますけどね」

野球界の中に、社会があるわけではない。社会の中に、野球界がある。ならば、その風は、野球にもきっとプラスに働くはずである。

人間形成が競技につながる。

原稿のまとめになるような言葉を、迫田は口にしてくれない。淡々と、本音を語るだけだ。

「優れた選手を集めて、自分より野球がうまい奴を教えても、しゃあないですよ。それより、10人でも20人でも、やったほうがよいと思うことを丁寧に教えることですよ。そのためには、こっちも体力が必要です」

何食わぬ顔で、迫田は、日課のウォーキングに向かって行った。社会の風を受けながら……。

他チーム、他競技、多ジャンルに通じる「迫田の観察眼」

戦力は数値では判断できない。ホームラン数、打率、防御率……野球は数字にあふれているが、迫田のデータとの距離感は独特である。

実際の現場では、データは試合運びの判断材料になる。

「甲子園でも対戦相手が決まれば、長打や盗塁、犠打の数などは確認します。ポイントになる数字は『0』です。県大会で、まだ1本目のヒットや1本目の長打が出ない選手がいれば、そこは徹底的にマークします。そういう選手の目を覚まさないように意識します。打っていない奴は、徹底的に打たせないことです」

一方で、老獪《ろうかい》なこともする。余裕があれば、県大会では、自チームで最もスピードがあるランナーに盗塁をさせないこともある。「盗塁数が0」。こうなれば、対戦相手が甲子園での警戒を緩めてくれることもある。

細かいデータにはこだわらない。選手の心理状態を明確にあらわすものにだけ、関心を示していく。それ以外は、自チームも他チームも、「俯瞰した目」で把握する。

「今年のうちのチームはどうでしょうか?」

練習試合の対戦相手を率いる監督に尋ねられることがある。

「今年は、難しそうですね」「今回は甲子園で勝てるでしょ」
チームの詳細を知るわけでもないが、迫田は、ズバッと直言する。また、それが的中するのだから、その監督も迫田の視点に興味津々である。

「戦力がどうこうだけでなく、雑なプレーをするチームはダメですね。簡単にアウトにできるプレーでも、いい加減にやっているときは勝てません。そういうのは、試合前の練習から見える部分もあります。それと、監督のやる気です。真剣なものが監督から目に見えて出ているチームがあります。そういうときは、勝ちますね」

なぜ、自チームの監督の目には見えず、対戦相手の迫田に見えるのか。そこで重要なのが、俯瞰の目だった。

「なかなか自分のチームは第三者的には見られません。相手側から見たほうが、引いた目で見て新しい発見がある場合もあります。できれば、自分のチームもいろんな目線から見ることができるようになりたいです」

高校野球のライバルチームだけではない。あらゆるスポーツのテレビ中継に接するときにも、観察眼を養っている。

「バスケットなら、バレーなら、陸上なら……考えてみることはあります。選手の顔つきなんかも大事ですね。選手が上手になるやり方、選手が喜ぶやり方ができるようにしたいです」

とくに、駅伝には興味がある。長時間にわたる競技には、人間の心の動きが凝縮されている。ランナーの区間配置には、野球の選手起用に似た要素もある。

「そりゃ、走りのタイムだけで選手を判断しないでしょうね。駅伝はとても頭脳を要する競技だと思います。強い相手に向かっていく性格の選手を重点に考えるでしょう。力があるのに勝負弱い人間には、重要な区間は任せられません」

駅伝の中継やニュースを見ながら、迫田は、勝負勘を研ぎ澄ませる。そのうちに、駅伝監督になったつもりでオーダーを考え始めることがある。

「1区は全員同時にスタートですが、2区や3区は難しいでしょうね。リードしていればどう逃げるか、逆の立場なら、追い上げ方に頭脳が必要になると思います。さらに後半の区間は、精神的なタフさも相当に必要でしょう。私なら、生活態度や学業も参考にするでしょうね」

実際、迫田は「文武両道」などとは口にしないものの、野球部メンバーの学業についてもある程度把握している。

白い紙を広げては、選手をポジションごとに並べていく。そうやって、頭の中で、選手の可能性と適性を探るのが、迫田の日課だ。そのとき、選手名の横に、「◎、○、△」などと記号が記されていることがある。ある程度、学業なども参考にしながら、野球への理解度やスマートさを記入しているのだ。

「あらゆる場面において、やっていることが真面目かどうかが大事です。上手でも雑になる人はダメです。頭のよさや性格はプレーに出ます。逆に、プレーを見れば、そういうことがわかります」

グラウンドでのあいさつから、すでに迫田の観察は始まっている。見抜きたいのは、「人間の本質」である。なぜならば、トーナメント、満員の観衆、甲子園。そこは、野球の技術のみならず、すべての要素があらわになる場所だからである。

野球の町で甲子園優勝監督が語ったこと

四国最東端の地方自治体である徳島県阿南市は人口約6万7千人の町だ。リアス式海岸の臨海部は天然の良港で、古代から漁業の根拠地となってきた。今日は、阿南市に本社を置く化学会社が製造するLED（発光ダイオード）を活用した「光のまち阿南」として情報発信にも努めている。

そして今、地方創生でも話題になっている。「野球のまち阿南」事業である。市には、野球のまち推進課が設けられ、野球大会の開催、海外チームのキャンプ招致、もちろん域内の競技力アップにも熱心だ。

2023年1月15日、地元の招きで迫田は阿南市に向かった。「人生と野球の今」と題して講演の要請があったからだ。車で5時間以上の長旅だが、かつての教え子がドライバー役を買って出てくれた。

会場の阿南市文化会館には、約100人が詰めかけていた。北海道、石川、鹿児島、その手腕に興味を持つ関係者らが全国から集まった。

講演を依頼されることも少なくないが、原稿やメモは用意しない。その場の空気を読みながら、話題を選んでいく。

「野球の関係の人は、よく頷《うなず》いてくれていたように感じます。やはり、1973年センバツ甲子園での江川卓投手攻略の話ですね」

バント・スクイズ・待球作戦。迫田の代名詞はベンチワークにまつわるものが多い。ヒリヒリする駆け引きを聞くのは、野球好きには至福である。しかし、迫田が伝えたかったのは、そこではなかった。

「作戦面も大事ですが、大事なのは考え方です。私も超一流の野球人に接することはありましたが、作戦・打ち方・投げ方、そういうことは聞きません。聞いても私にはわかりませんから」

むしろ、迫田はアドバイスを求めるよりも、人間そのものを観察する。

「ゴルフでご一緒させてもらったなら、その人の動きや性格を見ます。完璧を求める人がラウンドの終盤に崩れてしまう。とにかく堅実なゴルフをする人もいる。アプローチなんかを見れば性格が出ますよね。そういうことが、自分の財産になった気がします」

完璧を求めるあまり、わずかのほころびから崩れる。堅実さのあまり、勝負手が打てない。目にした一つひとつの光景が、迫田の野球観を培っていった。

「だから、講演でも考え方を伝えたかったです。プラス思考です。意外と、これができない指導者が多いです。マイナス思考の人は、『○○をしたらダメ』の発想になってしまいがちです。最近、強く思うのが、プラス思考でやってきたから83歳になっても野球に携わることができていることです」

いつの間にか、プラス思考になっていた。50年以上前、ランナーをホームでアウトにしてしまいそうになった、三塁コーチャーとして痛恨のミス。目の前に立ちはだかる「怪物」と称された豪腕投手。監督を退いて始めた商売での失敗。新設校での野球部立ち上げ。壁にぶつかるたびに、迫田は進化していった。

困難に直面したとき、迫田は「野球の神様」と心の中で会話する。

「お、野球の神様がまた悪さをしておりますね。この状況をうまくやれば、甲子園に行かせてくれるということですね。わかりました。これもうまく解決しますから、そのときは野球のことをひとつよろしくお願いします」

創意工夫で、ハードルはことごとく乗り越えてきた。課題に真正面から挑むことで、指導者として成長できた。だから、迫田には愚痴もなければ課題もない。すべては、野球の神様が与えた宿題なのである。

若き野球指導者に伝えたいことが、もうひとつあった。目の前の選手の喜ぶ指導だけではない。保護者の喜ぶ選手の育て方である。80歳で竹原高の監督に就任してから、その色はますます濃くなっている。

「今は子供の数が少なくなっている時代です。あまり怒られていない時代です。ですから、ちゃんと言葉で説明して指導しないといけません。野球を頑張ることで人間として成長する3年間にしたいです。あの時間があってよかった。そんな野球部にするように考えています」

迫田の考えが急変したわけではない。かつて取り組んだ野球も人間としての成長を促すものだった。

「広島商業の選手時代も、礼儀はもちろん対戦相手への敬意を教わりました。指導者になって合気道の先生から学んだことも、精神の重要性でした。私自身も、野球の選手としてはたいしたことはありませんでした。甲子園で失敗もしています。にもかかわらず、この年齢になっても大好きな野球に関わらせてもらっています。つくづく技術もですが、人間的なものが大事だと考えています」

野球の町で、迫田は1時間以上にわたって語った。

翌日、自宅に帰った迫田は充実感でいっぱいだった。全国から集まった人の意欲。質疑応答から感じる熱気。ドライバー役を教え子が買って出てくれた幸せ。

たくさん並んだ全国からの土産品、その包み紙を解きながら、彼は野球の素晴らしさを噛み締めていた。

第4章

チームにマジックを、町に活気を

●

２０１９年7月23日、迫田は、80歳にして広島県立竹原高野球部の監督に就任した。かつて県大会準優勝こそ果たしているが、生徒数も減少傾向にあり、近年はコールド負けが続いていた。

年齢は関係ない。ベテラン監督は本気である。

「ちょっと野球部を見てほしい」

そんな地元の空気は、迫田の本気によって一変する。部員が少なかろうが、練習環境が万全でなかろうが、目指すのは「甲子園で勝てるチーム」である。

「90歳までに甲子園に行きます」

迫田の言葉に地域も触発された。寮が開設され、後援会の支援も熱を帯びた。それだけではない。野球部を中心にした「熱」はグラウンドの外にも広がり、町も活気づいた。

百戦錬磨の高校野球監督は、知っている。野球は地域の力になる。野球の難しさを知る男は、野球の持つ力も知っている。すべてをひっくるめて、野球の素晴らしさである。そのことを伝えたい。チームにも、地域にも、全国の野球ファンにも。だから、迫田は、あらゆる人に野球を語り続けるのだ。

小さな野球部にかけたマジック

ある保護者が、竹原高野球部の試合結果表を見せてくれた。練習試合を含め、ここ4年の試合がデータで入力されている。我が子は卒業して学校を離れたが、その作業は今も続く。在籍する選手だけではない。家族も、OBも、地域も、一度でも野球部に触れた人たちの絆は、極めて強固である。それが、伝統だ。

14試合、0勝14敗、うち8試合がコールド負け。

2019年夏に迫田監督が就任するまでの直近5カ月間の成績である。当時の名簿によると、選手11名、マネジャーが4名、人数が足らず他校と合同チームを組んで試合をすることもあったようだ。

竹原市に住む大久保史代さんは、長男が竹原高野球部に入っていた。

「負けが続いても、先輩にも恵まれて楽しく野球をやっていました。しかし、公立校ですから、毎年のように指導者が代わります。もちろん、熱意も方針も、すべてが同じようにはなりませんよね」

大久保には、定期的にお茶を飲む友人がいた。5年以上の付き合いになる。

「まさか、びっくりしました。彼女が、あの迫田監督の娘さんとは知りませんでしたから。確かに、話をしていて野球に詳しいなとは思っていましたけど」

迫田の長女である岩川智子は、竹原市の町並み保存地区で陶工房を営んでいる。如水館高を離れた迫田は、その近くに居を移していた。

「よくしてくれた先輩が卒業して、息子の野球への気持ちも変わってきていました。正直、なんとか野球部をやめさせないために、迫田さんにグラウンドに来てほしい。そんなことを娘の智子さんに伝えました。監督なんて言えません。失礼な話ですが、お時間があればちょっとグラウンドに寄ってくだされば という思いでした」

甲子園優勝経験を持つ大監督である。全国の高校でも、実績を持つ指導者を迎え入れるには相応の体制が必要だ。大久保は、少しでも迫田と触れ合うことで、野球部に好影響があるのではないかと考えていた。

数日後、岩川を通じて、返事があった。

「お父さん、やる気になってるよ。ワシが甲子園に行かせるって言ってる」

2019年6月、迫田は竹原高のアドバイザーに就任し、7月の県大会後には監督になった。監督就任にあたって、OB総会が開かれた。その席で、迫田は言い切った。

「110歳まで生きます」

「甲子園に行きます」

竹原市の町並み保存地区で陶工房を営む娘の智子さんの家で、時間を過ごすことも多い迫田監督。夕方、工房から竹原高のグラウンドへ向かう

当時80歳、年齢による不安を豪快に一蹴、野球部はひとつになった。

当時のＰＴＡ会長・黒田雄次郎は、その姿に感激した。

「竹原市は人口も減っています。人を呼んでこないと野球のチームはつくれません。そのためには、設備や体制が必要。そうやって強くなれば、練習試合ができるようになる。練習試合ができれば、この町を訪れる人も増える。迫田監督の話を聞いていて、前向きな気持ちになりました」

さて、迫田監督誕生に一役買った大久保の長男である。高校野球史に名を刻む名将に緊張感もあったが、あっという間に心を開いた。

「うちの子は、太ももが大きかったのですが、監督がほめてくれました。体を見たらわかる。よく練習しているね。そんな声をかけてくださったみたいです。少し惰性で野球をやっていた息子が、投げることでも打つことでも成長しました」

大久保烈綺は迫田監督1期生のキャプテンだった。野球部はコールド負けが続いていたが、彼は嬉々として野球に向き合った。テニス部など他の部活からもメンバーを集めて、試合ができるようにした。練習にもさらに熱が入るようになった。名監督の次なる一歩に、マスコミの取材も増えた。グラウンドには活気が満ちてきた。

「監督さんが有名ということで、取材の方も多く来られるようになりました。負けても記事にとり上げていただくことがありました。キャプテンという立場もあって、あの子が読売新聞やデイリースポーツに載ったんです。想像を超えるような経験ができました。人前で、責任を持ってしゃべっている姿に感動しました」

1期生は勝てなかった。といっても、3年生はキャプテンの大久保ただ一人である。しかし、彼の引退後まもなく、新チームが勝利を手にするようになった。2019年8月24日、広島県秋季大会で三原東高に勝利したのだ。

「自分らも勝つことができる」

引退こそしていたが、後輩たちの奮闘に、大久保は飛び上がって喜んだ。

初代キャプテンは、今も定期的に竹原高のグラウンドを訪れている。ボール拾い、練習の手伝い、選手とのコミュニケーション。後輩たちのために、労を惜しまない。

迫田はしみじみと語る。

「選手を育てる。監督の考えをわかってもらう。卒業したらチームを手伝ってくれる。こういうことが積み重なって伝統です。広島商業には最初から、それがありました。如水館でも20年以上かかりました。竹原でも、時間は覚悟しないといけません」

2019年夏、わずかではあるが、小さな町とその野球部は、動き始めていた。

家庭の会話を増やせ

あきらかに分岐点になった試合がある。迫田監督就任3年目の2021年、夏の高校野球広島大会である。1年前、新型コロナの影響で中止となった地方大会の代替大会において5回コールド（8対0）で竹原高を退けた広島観音高が相手だった。竹原高は前半で4点差をつけられながらも、6回には集中打で1点差まで詰め寄り、8回には一死二、三塁からスクイズを敢行。相手守備の乱れもあり、逆転に成功した。9回に、今度は竹原高の守備が乱れ、ナインは涙に暮れる結果となった。スコアは5対6だった。

勝負には厳しい迫田だが、試合後の風景には、チームの変化を感じていた。

「スタンドには選手の家族もたくさん来ていて、みんなが泣いていました。悔しい気持ちが強かったでしょうが、どこかで家族も自分の息子の成長を感じていたのだと思います。試合には敗れましたが、選手たちが人として成長する姿を感じていたはずです。私は学校の先生ではなく外部指導者ですから、成績を上げることはできません。でも、野球を通じて人としてよくなってもらいたいです。保護者の喜ぶ教育、選手の人生の土台になるような3年間を目指しています」

試合運びもスコアも、かつてとは別のチームのようだった。グラウンドだけではない。スタンドでは、家族や地域が、目の色を変えるようになった若者たちを本気で応援していた。

雑草軍団どころか野球未経験者をも巻き込んだ迫田マジックは、地域の心をつかんで離さない。竹原高野球部の保護者会長を務めた黒田雄次郎も変わってゆく我が子の姿に驚いていた。

「うちの子は、昔から野球をやりたがっていました。けれど、私たちが呉服店を営んでいる関係でなかなか送迎などができないものですから、野球をやらせてあげられませんでした。竹原高に入って、どうしても野球がやりたいと言ってきましたが、家族は全員反対です。自分で練習会場には行けますが、高校から始めるなんて難しいと思っていたのです」

そんな若葉マークも、迫田のもとで目を輝かせた。高度な作戦で全国制覇を目指すばかりが迫田ではない。初心者の指導にも、名将ぶりを発揮した。

いきなり難しいことはさせない。当時高校2年、プレーの土台ができていない黒田光昭に与えたのはゴムボールだった。当たっても痛くない。バットで打てば、遠くまで飛んでいく。遠くまで飛べば、一生懸命に走る。高校に入って始めた野球は、どこまでも楽しくなっていった。

その姿には、母親である黒田真弓も目を丸くした。

「高校1年のときは、家であまりしゃべらない子供でした。部屋に入って、テレビを見るとかゲームをするとか。野球をやってはいましたが、なかなか技術的に上達できず気持ちが落ちているようでした。それが、迫田監督に教わって変わりました。家に帰ってくると、服も着替えず玄関先で野球の話をするのです。嬉しかったです。でも、もういいから服を着替えなさいって、そんな雰囲気になりました」

迫田は組織づくりも見事だった。上級生は、野球初心者の黒田に積極的に声をかけ、自主的にキャッチボールなどをしていた。この小さな光景が、伝統の第一歩なのである。

決してスーパープレーヤーではない。それでも、一人ひとりを尊重する。そうすることで、選手同士によい空気が生まれる。家庭での野球の会話が保護者の理解を生み、地域の力へとつながっていく。

黒田光昭は主力選手になれなかったが、家族はユニフォーム姿に成長を感じていた。

「息子は試合で伝令に行くことが多かったです。監督の指示を受け、選手交代を審判に告げるのも役割です。竹原高は選手が少ないので、1人選手が交代すると玉突きのように何人もの選手のポジションが変更になります。その姿を見ていて、野球部の先生が『ちゃんとできていますよ』と言ってくれると嬉しくて。一つひとつできることが本人の自信にもなっているようです。高校から野球を始めてチームの人に迷惑をかけると思っていたのですが、楽しそうにグラウンドに行って役割も果たしています」（母・真弓）

彼は、大学に進み、野球を続けている。時間を見つけては、竹原高のグラウンドを訪れ、練習を手伝っている。

甲子園優勝監督。バント・スクイズ・待球作戦。迫田の代名詞である。しかし、それだけではない。超ベテラン監督は、いつものように飄々と語る。

「野球が楽しくなって家族の会話が増える。一生の仲間ができる。体を鍛えることで、学校の授業に集中する体力がつく。なんでも構いません。そういう野球をやっていきたいです。甲子園は、もう少し先ですね」

急がない。時間がかかることは知っている。一人の選手と向き合う、そこからよいサイクルが生まれる。保護者が心から応援するチームにする。卒業生は母校のために力を尽くす。その積み重ねが地域の力になっていく。

黒田の母親は、野球部の試合結果もデータで記録するようになった。そして、黒田の父は、さらなるバックアップのため東奔西走する。我が子が卒業しても、その献身は変わらない。

監督の覚悟、地域の覚悟

高校野球界の名将がやってきたが、それだけで環境が激変するわけではない。竹原高は公立高校だ。しかも、生徒数は減少傾向にある。専用グラウンドもなければ、バットやボールも十分ではない。監督自らが、グラウンド隅の草を抜き、転がったボールを拾う光景も見た。学校も迫田の就任に一定の理解は示したが、「無給。練習時間に制限あり。寮はなし」というのが現実だった。

無給は、心意気で。練習時間は、創意工夫で。迫田はあくまでも前を向いた。しかし、寮の必要性については譲れないものがあった。地域は人口減少傾向にある。ならば、エリア外からの入部者に対応する必要がある。幸い、迫田の知名度もあり、市外から入部を希望する選手も少なくないのだ。

2020年春、野球部保護者会長を務めるようになっていた黒田雄次郎は覚悟を決めた。私費を投入し、寮の運営を始めたのである。

JR竹原駅前の商店街に黒田が営む呉服店がある。創業明治元年というのだから150年の歴史だ。かつて、この地域は華やかだった。

「うちの店の向かいには洋菓子店がありましたが、お祭りの日は人通りが多くて、それが見えないくらいでした」

あいふる316通り。駅前から316メートルにわたる商店街には活気が満ちていた。それが今、シャッターが降りたままの店舗も少なくない。

黒田は、商店街の一角にある建物を購入していた。利活用してエリアの活気を取り戻すことに一役買う心意気だった。木造2階建て延べ約140平方メートルの古い店舗兼住宅である。

ただし、すべてが和室で段差も多かった。リフォームには、かなりの費用が必要になるが、私費を投じることにした。1階のホール部分では簡単なトレーニングができバットスイングもできるスペース、さらには居間や台所も設けた。2階には2段ベッドを運び込んだ。風呂もある。朝食は寮で用意し、昼食の弁当や夕食も仕出しで対応した。寮費も最低限に抑えただけに、工費の回収は見込めない。

「迫田さんの姿に心を打たれました。生徒たちには、野球を通じて社会で活躍する人になってほしいです。そのためにトップクラスの名将に出会うことは大きな財産になると思いました。町の活性化にもつながります。その意味では、投資だと思って私費で寮のリフォームにあたりました」

このとき、黒田の長男は高校3年生だった。野球部での日々を通じて、生き生きと高校生活を送り、家庭での会話も増えていた。ひとりの指導者が若者を変える。それを仕組み化できれば、地域を変えられる。そんな確信があった。

グラウンドでの指導にも胸を動かされた。

「ダイヤモンド一周のボールまわしなら、何秒以内と数字を示しておられました。それに、サードゴロでセカンド経由の併殺を狙う守備練習でした。セカンドがボールを捕れず、併殺が完成しなかったのです。ボールを逸らしたセカンドの責任かと思ったら、迫田監督は、ボールを投げたサードを注意しました。セカンドの状況を考えずに送球したサードに思いやりがない。そういうお話でした。一つひとつに、納得させられました」

　金銭面だけではない。寮の近くに住む黒田は、若者たちの「父親」の役割も背負うことになる。「点呼もとらないといけません。風邪を引いたら面倒も見ます。選手たちの様子を見て、相談にも乗ります。そりゃそうですよ。しっかりやらないと迫田監督の顔を潰してしまうことになりますから」。

　広島商業高はＯＢの力を含めた伝統があった。如水館高には、私学であり新設校の勢いもあった。しかし、今度ばかりは勝手が違う。部員は少なく、生徒数も減少傾向。公立校の部活動を取り巻く環境も大きく変わってきている。

　そこを、地域がサポートする。バスがないときには、保護者の車に分乗して練習試合に向かった。野球道具の購入にも理解を求めた。広報活動にも、保護者らが協力する。なぜならば、迫田の理念に、賛同するからである。

「竹原市は人口が減っています。市外からも選手を呼んでこないと、野球部ができません。そのためには、設備や体制が必要です。チームが強くなれば、強いチームと練習試合ができます。そうすれば、またチームは強くなれます。各地から対戦相手がやって来れば、町の賑《にぎ》わいにもつながります。迫田監督の考えは、とても理解ができます」

夏の広島大会、竹原高の応援には、ブラスバンドもなければチアリーディングもない。しかし、日を追うごとに様子が変わっている。数年前は、学校関係者と選手の保護者だけだった。そこに卒業生が加わり、その家族が加わり、地域の人たちもスタンドに駆けつけるようになった。それだけではない、球場には来られなくても竹原高の戦いに関心を示す市民がいる。迫田のYouTubeをきっかけに竹原高を応援する高校野球ファンもいる。

「いつもコールド負けばかりだから、新聞も見ない」

そんな市民の声は、昔の話になりつつある。監督の覚悟、地域の覚悟。この相乗効果は、都市部の強豪校に伍していくだけの力がある。

道の駅で『迫田穆成展』が3カ月以上も続く理由

安芸の小京都と呼ばれる広島県竹原市の町並み保存地区に近接するのが、「道の駅たけはら」である。1階の売店では、朝どれの野菜や魚介類・スイーツやパンが並ぶ。レストランでは、地元の海の幸や牛肉を使った料理を楽しむことができる。2階には、地元のお酒や雑貨類が豊富に揃っている。もちろん、地元住民にとっても重要な交流の場でもある。

2021年7月、ここで『迫田穆成監督　栄光の軌跡展』が催された。竹原高校を応援することが目的で、迫田監督の所蔵品である甲子園の優勝メダルや写真パネルなどが展示された。もちろん、会場内にはYouTube『迫田監督野球チャンネル』がリピート放映されている。この企画が好評で、当初は9月末までの会期だったが、11月まで延長されることになった。さらには、2022年夏にも、アンコールに応え、再び開催されている。

道の駅たけはらを運営する『(株)いいね竹原』の大久保史代取締役は、その盛り上がりに手応えを感じていた。

「最初は迫田監督に関する展示がメインでしたが、徐々に竹原高野球部が強くなって、野球部を応援する色合いが濃くなっていきました。お客様の反応がよくて、2階のフロアに上がってきた6～7割の方は、展示をご覧になっていました。驚いたのは、お客様の声に耳を傾けると、広島弁ではありません。県外の人が多かったです」

迫田監督就任当初の竹原高野球部キャプテン・大久保烈綺は、彼女の長男である。竹原に住むようになった迫田に声をかけ、新たな野球部の歴史を共に歩んできただけに、存在の大きさを実感することが多い。

「最初は、あの迫田監督ですから、(指導も)厳しいんじゃないかと思っていました。竹原高のメンバーがついていけるのか、不安もありました。でも、そんな気持ちは初日で消えました。迫田監督は、あらかじめ覚えてきた選手の名前を呼び、それだけでなくポジシヨンとかもすべて頭に入っていました。あれだけの立派な監督がここまでやってくれることに、驚きました。あっという間に、メールやＬＩＮＥも活用し、選手に寄り添ってくれました」

甲子園優勝監督の実績だけではない。その一つひとつの行動で、迫田は、地域の心をわしづかみにしていった。

展示の担当者である『(株)いいね竹原』の増田三紀さんも、そのひとりである。ソフトボールのプレー経験があり、野球好きでもある増田さんは、メダルやアルバムなどに心を込めてＰＯＰを作成した。YouTubeを通じて、迫田の世界観に引き込まれていただけに、仕事にも熱が入った。

「時代によってアプローチを変えることができる。そんな迫田監督ですから、チームもYouTubeも面白いです。若い人より先進的で、年齢をまったく感じさせません。最近では、生配信までやっているわけですから、凄い人だと思います」

展示会場では、迫田のYouTubeが放映されている。ずっとフロアにいる増田にとっては、その話が何周したことであろうか。それでも、迫田の声は増田の興味をかき立て続けている。

「YouTubeは全話を見ています。私が勤務する日は、モニターの音量を少しだけ大きくしています。何度聞いても新鮮に感じます。野球に詳しくない人でも面白いでしょう。私も、ソフトボールの指導者になりたいと思うようになりました」

展示の効果は絶大だった。道の駅たけはらでは、これまで物販・飲食が中心の1階フロアを訪れる人は多かったが、2階に上がる人が少ないことが課題だった。しかし、展示をきっかけに2階フロアに足を運ぶ人が増えた。声をかけてみると、栃木・千葉・新潟……全国から高校野球ファンが来場していた。それだけではない。地域交流スペースを訪れた地元の人たちが、フロアに長い時間滞在するようにもなった。

２０２２年夏、高校野球広島大会で、竹原高は35年ぶりのベスト16入りを果たした。道の駅でも試合速報を掲示していたが、地元の住民が集まって、竹原高野球部について会話する姿が見られるようになった。

「今まではコールド負けばかりじゃったが……」

「いい野球をやっとる」

「迫田監督で、こんなにも変わるんじゃ」

野球を起点に、地域のコミュニケーションが増えた。そこに広いエリアから人が集うようにもなった。展示会場に立つ増田は、声を弾ませる。「竹原高が負けてばかりで、新聞で結果も見ないような雰囲気の頃もありました。それが、少しずつ勝つようになって、みんなが速報をチェックするようになりました。そこから会話が生まれます。嬉しいことに、チームへの寄付の問い合わせもありました。そうそう、迫田監督を慕う如水館高時代の教え子たちも何人かで展示を見にきてくれました」

『(株)いいね竹原』は、竹原市と竹原商工会議所の合同出資によって設立された、まちづくりの会社である。地域の価値を高め、形にし、つなげていくことがミッションだ。そこで、スポーツが地域の活力につながることは、展示会の成功で大いに証明された。そして、迫田の言葉は同社取締役の大久保にも響いた。

「私も、まぁまぁの年齢なのですが、いつまでも若々しくいたいと思うようになりました。いろんなことにチャレンジしていきたいです。それと、人との接し方は迫田監督から学びました。若いスタッフにも優しく接することです。いいところを見つけてほめるように心がけています」

小さな野球部が、地域に会話を生み、人と人とをつなげていく。そこに、他の地域の人がやってくる。さらには、そこで働くスタッフの生き方にも影響を与える。

迫田マジック。威力が及ぶのは、グラウンドの中には限らないようだ。その生きざまが、地域と人の心に染み込んでいく。野球には力がある。50年以上前から、迫田は実感していた。

野球が町を元気にする、その確信の原点

野球がやりたくて竹原高に生徒が入学する。寮では地域の人が面倒を見る。チームが強くな

ると、町は野球の話題であふれるようになる。さらには、他のエリアから迫田を訪ねる者もいれば、練習試合のため県内外から竹原高のグラウンドにやってくる者もいる。

まさに「町おこし」である。竹原市にも、同様の観点から、竹原高の取り組みを応援するムードもある。しかし、迫田はいたって自然体だ。

「町おこし。そんなこと言うたら、本気でやっている人に失礼にあたります。でも、自然と町の活気につながるようになれたとき、チームは違ってくると思います」

まずは、地元に愛されるチームでなければ、話は始まらない。あいさつを含めた日常生活が大事になってくる。

「応援したくなるチームにしないといけません。町の方々に好感を持たれるようなチームです。そうなると、自ずと野球が上手になって、応援もしてもらえるようになります。そこらについては、私はうるさいです。小言も多いです。それができないチームが甲子園で通用したのを見たことがありません。長く指導者をやってきましたが、何ができればチームがよくなるかということは間違えていないと思います。凄い選手もたくさん見てきましたが、精神的なものがしっかりしていないと甲子園では難しい気がします」

ベースは広島商業高の伝統である。あいさつや道具などの整理、グラウンドの隅々にまで魂が行き届いている。さらに広島商業は、試合に勝ったからといって相手の前ではしゃぐ姿を見せない。胴上げなどもしない。

「相手を敬うことです。強いチームと試合ができ、よい試合ができることは喜びなのです。相手に感謝すべきことです。ならば、相手の前で勝利を喜ぶことはないでしょう」

1924年の全国優勝以来、7度の頂点に立った名門校だ。迫田も、1957年に選手として、1973年に監督として、優勝を果たしている。厳かな伝統は体感してきた。

「胴上げは一度もしていないはずです。それが広商の伝統です。するなら、自分たちだけになったときやります。相手の前では決してやりません」

目の前の一球を大事にする。仲間を大事にする。地域の人に感謝する。相手を敬う。野球に必要なこととの積み重ねが、地域の熱につながっていく。迫田は、18歳のときに実感していた。

1957年、広島商業高は法政二高（神奈川）を破り甲子園で全国制覇を果たした。そのときのキャプテンが迫田だった。優勝旗を手に凱旋すると、町の様子があきらかに違っていることを感じた。

「急行列車で広島に帰りましたが、たくさんの人が優勝旗を触って、列車が遅れるくらいでした。もう福山駅からたくさんの人がいて、ビックリしました。広島駅に到着しても、改札から出られないくらいの人がいたため、裏口から出ることになりました。出迎えの人たちに、もみくちゃにされながら駅前を歩いたことを覚えています」

甲子園では、勝利してもはしゃがなかった。スタンドに一礼のみで、グラウンドをあとにした。胴上げもしていない。しかし、故郷はこんなにも喜んでいた。原爆投下から12年、まだ広島東洋カープ初優勝より前の時代である。市民には、特別な感情があったのだろう。

「12年間、広島にあんまりいいことがありませんでした。貧しさもありました。それが、『見てみい、広島の野球は強いんや』と言える日が来るとは、誰も想像しなかったでしょうね。野球の力を感じます」

1973年には、監督として故郷を歓喜に導いた。春の甲子園は準優勝だったものの、作新学院のエース・江川卓を攻略したドラマもあり、パレードが行われた。「優勝じゃないのにパレードなんてね。でも、地元の人が盛り上がって、そんな流れになりました」。同年夏には、全国優勝で胸を張ってのパレードだった。広島商業のグラウンドにも、多くのファンが詰めかけた。

1957年にオープンカーで市内一周をしてから、66年が経った。80歳代になった迫田は、やはり「野球の力」を信じている。

「そういう意味では、野球はありがたいですね。ほとんどの人がルールも理解していて、共通の話題になります。だから、私たちがしっかりやれば、地元も元気になると思います」

人口2万3千人、高齢化率42パーセント（2022年12月31日現在・竹原市ホームページより)。統計にはあらわれていないかもしれないが、野球部も町も変わり始めている。野球部員と地域の人があいさつを交わす風景も日常になった。商店街では、野球部の未来を真剣に考える大人たちがいる。グラウンドには、OBや地域の人たちが応援にやってくるようになった。竹原高の卒業生ではなくても、「迫田門下生」の絆もある。社会人野球やプロ野球で活躍する選手が激励に来れば、元・広島カープ監督の達川光男が野球教室を開いてくれもした。

夏がやってくる。コールド負けが続く時代は終わった。市民たちは、「道の駅たけはら」に集まり試合経過に一喜一憂する。

ひとりの老将の執念が、町をも変える。話は飛躍するが、日本の社会課題を一気に解決するヒントが、この小さな町にはある。

「本物」がやってきた、町を「本気」にした

NHK朝の連続ドラマ『マッサン』の舞台になり、うさぎの島として大久野島の観光も賑わっている。とはいえ、広島県竹原市は人口減少傾向にある。人口2万3千人あまり、1980年代と比較すると1万人以上少なくなっている。

そんな町が、あきらかに変わってきた。今榮敏彦市長は、この町で生まれ、長く市の職員も

務めてきた。それだけに、数値化できないような変化も肌で感じる。

２０２２年夏の高校野球広島大会、竹原高校は35年ぶりのベスト16進出を果たした。名将・迫田穆成監督の存在は知っていたが、野球部や周囲の変化には驚きすら感じていた。

「町でも、今年の竹高（竹原高校）はどこまで勝ち進むのかという声が聞こえてくるようになりました。あらためて、迫田さんは凄い人だと実感しました」

実は、監督就任直前に迫田は今榮市長のもとを訪ねている。

今榮は、その熱い語りを忘れない。

「野球を起点に学校が元気になる。社会で活躍できる人材を送り出す。勝利のみならず、地域活性化にもつながる。そう熱弁されたのを覚えています。実績のある監督だけあって、話にも説得力がありました」

ときどき、市長は野球部のグラウンドを覗くことがある。

「私も学生時代からスポーツをやってきて、野球部の練習を見ていても何かが変わってきている印象は受けました。動きが違っているように感じます。さらに、保護者を含めて多くの人が一生懸命に動いている雰囲気がありました。これが大きな変化です」

駅前商店街の寮からも、空気は感じる。

「寮があるということもですが、ＰＴＡの関係者が、親のように面倒を見ておられます。そこまでやろうという決断はなかなかできるものではありません。頭が下がる思いです」

駅前商店街にかつての賑わいが完全に戻ったわけでもないが、高校球児の存在がエリアの活力にもつながっている。

「あのエリアに、子供たちが息づいていることが大きいです。やはり、若い彼らの存在は、地域の力になるものです。人口が増えれば、それに越したことはありませんが、そう簡単なものではありません。むしろ、『人口が減少するなかでも元気な町』ということも考えに入れてもよいかもしれません。市の外側から人を呼び込む。市の内側からは、地元を誇らしく思う。それは、経済や産業だけでなく、文化や教育についても言えるでしょう」

そのために、スポーツの持つ力は絶大である。広島県では、世羅町がよいお手本だ。駅伝の強豪・世羅高校があり、ランニングコースも充実。ニューイヤー駅伝の予選会も開催されれば、町民参加型の駅伝大会もある。スポーツが、地域のエンジンになっている好例だ。

「スポーツは理屈を超えたものがあります。プレーすれば燃えるし、勝てば嬉しく、負ければ悔しいものです。見る側も燃えるものを感じることができます。人に感動を与えることができるものと考えています。スポーツの力は無限だと思います。町づくりを進める上でも、重要な要素だと考えています」

高校球児の目の輝きが、保護者ら地域にも広がっていく。その活力が、誇りを生み、外から人を呼び込んでくる。地元で生まれ育った今榮市長は、地域を歩くことを欠かさないだけに、データには見えない変化も肌で感じる。

「是非、広島大会の決勝に行きたいですね。そのときは、スタンドに陣取って大きな声で応援したいです」

一人ひとりが手に握った汗が、地域の活気につながっていく。市民みんなで野球部の動向に一喜一憂する。そこから、誇りや絆も生まれていく。

夕刻、グラウンドから聞こえる野球部の元気な声は、この地域に豊かな気持ちをもたらしてくれる。

第5章

迫田流
「組織づくりのマジック」

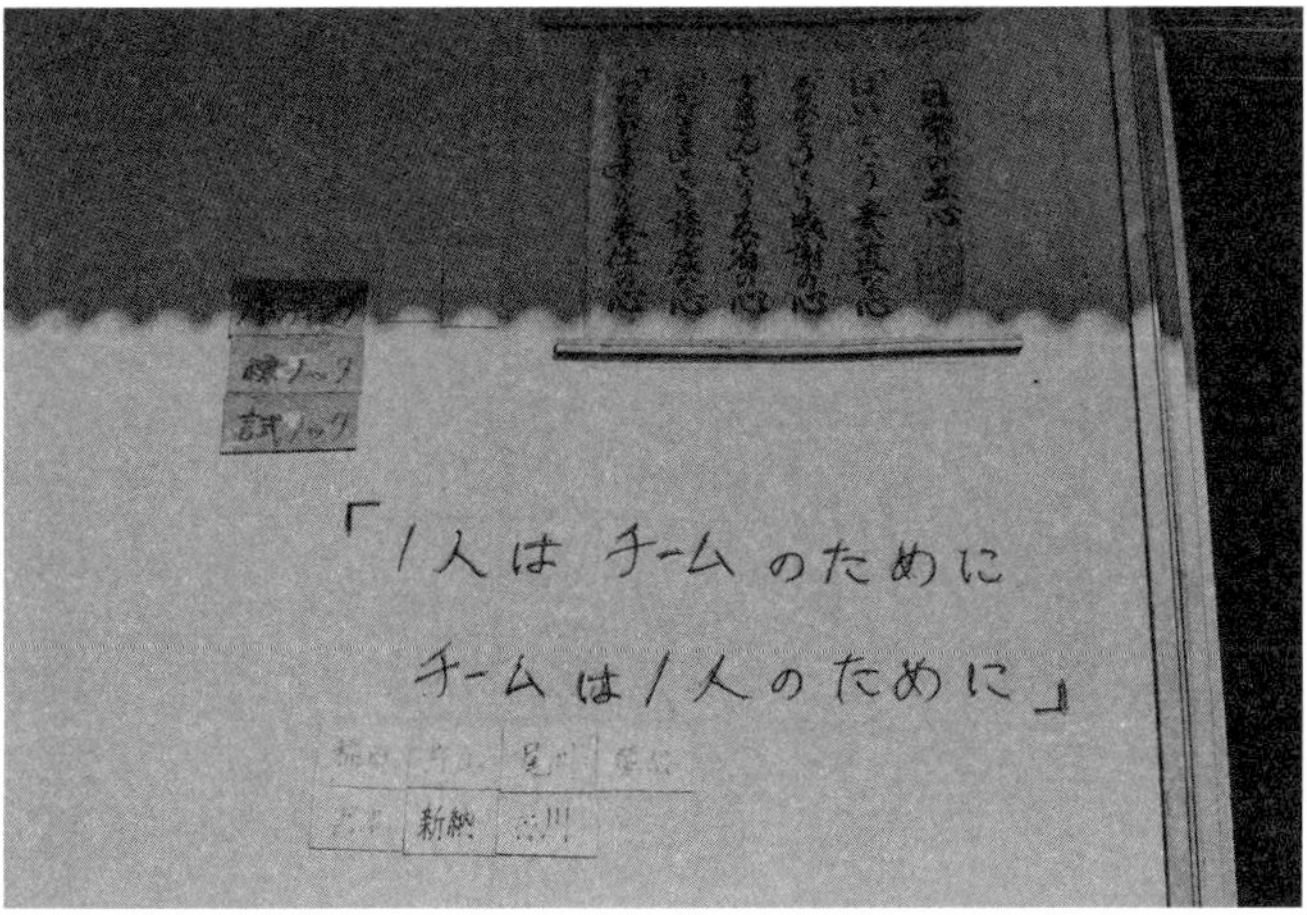

大きな設計図も必要だが、小さな設計図も必要である。1993年、如水館高の前身となる三原工業高の監督に就任した。

環境の整備、練習法の確立、チームリーダーの育成。「ゼロ」からのスタートだった。2019年にチームを離れたが、甲子園に8度導いた手腕は、色褪せることはない。

退任時、迫田は心から思った。「やっとよいチームができた」。

真のチームづくりには「25年かかる」という持論は、ここから生まれたものである。それだけ長期スパンで見ることができるからこそ、目先の勝利だけではない組織をつくることができるのだ。

一方で、ミクロの視点も併せ持つ。1年365日、1日24時間、迫田は細やかにデザインする力を選手に求めている。

ミクロとマクロ。両端を往復しながら、迫田は思索を深めていく。竹原高では、監督就任時80歳。しかし、焦らない。根底にある考え方を伝えること、それらを周囲と共有すること、伝統の土台を築くこと。

常識や既成概念にとらわれない組織づくりのメソッドに耳を傾けてみたい。

「4×2=8、4×3=12」の組織づくり

チーム全員をよくしたい。みんなが変わらなければ、勝つことはできない。しかし、迫田は、じっと堪《こら》え、現実路線に舵を切る。

「一度に全員を変えられません。そうしようとも思いません。まずは中心の4人をしっかりとすることです。この4人には、監督としての考えを徹底して伝えます。怒られ役にもなってもらいます。他の人なら怒られないようなことでも、彼らは怒られます」

独特なのは、ここからである。迫田は、その4人に権限も与えている。

「4人は、監督に要求ができることです。あいつは頑張っているので、試合で使ってください。あいつに試合で投げさせてやってください。そう申し出てOKなのです」

4人を中心に据えたチームづくり。迫田が思い出すのは、1990年代後半、如水館高を3年連続で甲子園に導いたときである。広島県東部の新設校を甲子園常連校に育て上げた歴史の序章である。

エースの小町裕貴（元・王子製紙）やキャッチャー徳田乾を擁し、1997年の初出場から3年連続で甲子園に出場を果たしている。それほどのチームでも、バラバラになってしまった時期があった。

「なんで、こうなるかな。甲子園に行ける力はあるのに。勝手なことをやって、自分たちで勝手に負けているだけだぞ」

声を荒げるわけではない。いつもの、飄々とした口調に、主力の4選手が、反応した。

「監督、やりますから、教えてください」

こうなれば、迫田のペースである。迫田は、その4人に、自分の考えを徹底的に伝えた。すると、考えは、次の4選手に伝わった。さらに、もう4人。

「12人くらい理解してくれたら、もう大丈夫ですね。さらによかったのは、3年生と一緒にメンバーに入っていた、下級生が話を聞いていたことです。今度は、その下級生がキャプテンをやってくれます」

3人じゃ、少ない。5人じゃ、多い。ここは、迫田の感性である。しかし、4人組がチームを変えることは、竹原高校での日々でも、ますます実感する。

2022年春、素質はありながらも試合で失点を重ねる投手について、4人組が申し出た。

「監督、彼が試合で投げたいと言っています。投げさせてやってください」

「あいつは、いいものがあるのに、どうも噛み合わない。でも、あなたたちが言ってきたのだから、私は、喜んで試合で使います」

4人の選手は、喜んで、チームメイトに伝えた。

「おまえを試合に出すって監督が言っていたよ。頑張ろう」
次の試合、彼らがグラウンドで結果を出したことは、言うまでもない。

迫田が考えるポイントは2つある。①4人組には3年生を指名すること②4人組には権限を与えることだ。

「3年生にはコーチ役をさせることもあります。監督の考えをわかっていないと、教えられないはずですからね。甲子園は技量だけでなく精神的なものが大事になります。普段の生活からきちんとしている人間が強いです。そう考えると、そこは1年生には求められません。監督まかせではないチームにするためにも、3年生が鍵を握ります。権限を与えるのも、同じです。監督に対して対等にモノを言えるくらいでないと、甲子園で勝てるチームにはなりません」

まだ強豪校には育っていない。グラウンドの隅には草木も生える小さな野球部だ。しかし、そんな竹原高でも、迫田は変化を感じ始めている。
「この前ね、4人組の一人が故障しましてね、試合に出られなかったんです。そのとき、彼が何をしたかです。率先して雑用をやってくれました。ボールボーイ、バット引き、選手交代の準備、自分からやっています。それも、自信を持ってやっています。相手チームの監督にもほめられましてね、それは嬉しかったです」

全員を成長させたい。その思いは、変わらない。ただし、自分たちから変わらなければならない。「4人組」は、その強烈な触媒なのである。

「30人いたら30人をよくしたいですよ。でも、そう思って育つものでもありません。まず4人です。それが、次の4人、また4人です。そうやって、みんながやる気になる野球部にしていきたいですね」

高校時代に怒られ役だった男が、後年、監督の真意を知って感謝を深める。よくあるストーリーだ。しかし、迫田は、もう一歩前に進んでいる。狙いも、思いも、全部YouTubeで発信しているからだ。もちろん、選手も、その胸のうちは、十分に汲み取っている。

何度も、何度も。監督の声はリピート再生できるのだ。

チームづくりは「逆も真なり」

伝説にもなっている、「真剣の刃渡り」。名門・広島商業高では1920年代に石本秀一監督

（元・カープ監督ほか）が導入している。

選手や監督は、入念に腹式呼吸で心を落ち着かせ、2本並べた日本刀の上に乗る。理屈では、日本刀は擦るような動きの中で切るものだ。乗った人間が動かなければ切れないということになる。それでも、緊張感や恐怖感は計り知れないものがある。

1967年、母校の監督になった迫田は、この練習を復活させている。全国の強豪に勝つためには、細かなプレーにおいて、完璧に近い精度が必要だと確信していたからである。バントは1球で決める。2ストライクから決める。練習から緊張感が漂っていた。失敗すれば、全員でのランニングが課される。

さて、真剣の刃渡りである。その緊張感は、当日だけのものではない。野球部長や監督は、選手より先に日本刀に乗ることになっている。

「部長の畠山圭司先生は、少し前の時期から体重を落とすように運動もしていたくらいです。その時期は減量のために、自宅から徒歩で学校に通っていました」

当日は、武道の先生がやってくる。刀を並べながら呟く言葉が、緊張感を高めていく。

「今日の日本刀は、しっかり砥いできましたよ」

そんなことを言いながら、刀の真上からニンジンを落とす。

スパッと切れる。

長い大根を落とす。

今度も、まっぷたつである。

全員の鼓動が極限に達したところで、腹式呼吸に入る。30分間の静寂である。しかし、気がつけば2時間が経っていた。このとき、迫田は気づいた。

「無になるとはこういうことか。集中するとはこういうことか。ここまでして、ようやく無になれる。いかに無になることは難しいことかと感じました」

裏を返せば、多くの局面で人の心は揺れ続けているのである。そこに、隙も生まれてくる。試合においても、不確定要素は少なくないのだ。

「それにね、まだプラスがあります。真剣の刃渡りをやっていると、対戦相手が向こうから意識してくれますね。あいつら刃渡りをやってるらしいぞ。そう思わせるだけでも、大きいです」

平常心などありえない。常に集中など、できるものではない。人の心は揺れている。しかも、全国の注目を集める甲子園だ。耳に入った言葉ひとつでも、選手の心は微妙に動く。

夏の甲子園で、こんなことがあった。次戦の相手についてインタビューされたときのことである。好投手を擁し、捕手も肩が抜群だ。盗塁などできそうにない。報道陣の質問も、そこが焦点になった。

「次の対戦相手は、バッテリーが強力ですね?」

ここからが、迫田である。

「いやぁ、こちらとしては練習のチャンスです。あれだけのバッテリーから走ることができるかどうか、力が試されますね。頑張ります」

さて、試合当日、迫田のチームは走らなかった。各ランナーは、大きくリードをとり次の塁を狙う空気を醸し出す。しかし、決して盗塁のスタートは切らない。走りそうで走らないランナーを横目に、バッテリーはどんどん疑心暗鬼になっていく。

集中力を欠いたバッテリーから得点を重ね、迫田のチームは会心の勝利を挙げた。

「そりゃ、自分らのときもそうでした。新聞記事を見て、相手のことを考えたものです。それによって心が動くこともあったものです」

試合は、プレーボール前から始まっていたのである。迫田が心理戦で、先制攻撃に成功していたのだ。

今や、YouTubeチャンネルがある。ひょっとすると、ここでも次なる伏線を張ってくるかもしれない。高校野球が心理戦だと知るからこそ、迫田の打ち手はグラウンドの中に限らない。

野球も緻密に、計画も緻密に

83歳の夏も甲子園に出向いた。テレビ・ラジオの野球解説である。ベンチの勝負手を読み切る観察眼、さらには、心理の洞察に定評がある。迫田の解説を楽しみにする高校野球ファンは多い。もちろん、時代の先頭を走るチームの野球を現場で見ることは、現役監督として大きな学びとなる。

「(今の野球は)あんまり細かくやろうとされていないように感じますね」

ネット裏に陣取った迫田の、偽らざる本音である。

「どう機動力を使おう。何回までに何点を取ろう。相手投手にどれだけの球数を投げさせよう。そういうものが薄くなっている気がします」

時代の変わり目は、金属バットだった。1915年に高校野球の全国大会は始まった。木製バットでの大会は、1973年で終わった。この夏、甲子園を制したのが、迫田が率いる広島商業高だった。決勝戦のサヨナラ満塁スリーバントスクイズは伝説である。金属バットが導入されたのは、翌1974年だった。そこから、野球は変わった。

「金属バットになると、多少、芯を外しても打球が飛びます。なので、そのあたりの技術面の追求も変わってきます。強打の野球になりますから、ベンチの指示も『打て』になる傾向が高いです。確かに、金属バットで打つならば、そのほうが確率は高いでしょう。大味といえば大味な野球になってきます」

金属バットの導入、ウエイトトレーニングの進化、日本人の体格も格段に大きくなった。高校野球が変わるのは、自然な流れかもしれない。しかし、迫田は、警鐘を鳴らす。

「スクイズができないチームはスクイズをされたときに弱いです。細かいことができないチームは、細かい野球に苦しむでしょう。V9時代のジャイアンツが強かった。それは、野球を細かいところまでやっていたからです。聞いた話では、試合であまり起こらないようなプレーまで練習していたそうです。そのあたりが、大きな違いになってあらわれます」

勢いにまかせない。パワーを過信しない。プランを持って、プランを遂行する。確率の高い野球が、彼の目指すところである。迫田は、シビアなまでに現実的なプランを持って大会に挑んできた。例えば、2022年夏、竹原高が35年ぶりベスト16に勝ち進んだ広島大会である。

「3回戦まで勝つ。それは、私のイメージにありました。しかし、4回戦まで勝てるとは思ってなかったです。冷静にチームの力や対戦を考えると、そこは難しいと思いました。そう考えると、エース投手をどの試合でどこまで投げさせるかは決まってきます。無理なことをして、チームの実力以上に勝たせようとは思いません。もっと上を狙うなら、それだけの練習ができるチームにしてからのことです」

もちろん、選手の夢は否定しない。優勝目指してやることに異論はない。ただし、迫田の仕事はマネジメントである。チームの現状を冷静に見極めて、現実路線のプランを練っていく。これが、監督の仕事である。竹原高は4回戦まで進んだ。しかし、甲子園を目指すには2段階のハードルがある。

「まずベスト8を狙えるようにすることです。ただ、ベスト8のチームが優勝チームと対戦しても、勝てません、負けます。そんなにミラクルはありません。ただし、ベスト4に入れるチームは優勝チームに勝つことがあります。試合をうまく運べば、勝機はあるように感じます。ならば私たちがやることは、ベスト4のチームをつくることです。ベスト4にふさわしい練習をすることです」

迫田は、この「初期設定」に基づいて日々の活動を考えていく。竹原高は練習時間にも制限がある。

2時間で、県ベスト4の練習……。

なかなかの難問だが、答えを見出さなければならない。高校3年間、時間は有限である。迫田自身も、時間が無限ではないことは感じている。練習には創意工夫が必要だ。選手は、意図を十分に理解して臨む必要がある。県ベスト4のラインを超えるため、必要なことは何か。練習時間は限られている。ポイントは絞りたい。その意図は、会話やメールで伝えられる。

YouTubeでも語ることができる。まずは、選手が目を輝かせる練習メニューである。

「ポイントはリズムだと思います。ベスト4のチームには、そのリズムがあります。うちの選手には、バッティング練習の一環として自分でノックを打たせています。ドラッグバントも含めたバントもやらせています。そこから学んでほしいのは、リズムです。バッティングのよい選手はバントも上手です。あらゆるプレーに通じる感覚を身につけさせたいです。そこを理解すれば、いつか指導者になっても野球を教えることができると思います」

あまりにリアリストかもしれない。これまでも、そうだった。県大会決勝で敗れたときも、「このチームで甲子園に行っても苦しかったかもしれない。それより相手側のほうが、甲子園で勝てるかもしれない」と語っていたこともあった。

しかし、迫田がドライなわけではない。目の前のチームの現状把握をシビアに行う。そこから日々の計画を立てていく。1日2時間、週5〜6日の練習、1年365日、高校3年間、チームの伝統を築く25年。ミクロにもマクロにも、思考は尽くされている。

緻密なのは試合運びだけではない。あらゆるものに「限りがある」と知るからこそ、その思考は緻密にならざるを得ないのである。

竹原高の練習は2時間。創意工夫、リズムを大事に行われる

チームづくりに25年かかる理由

グラウンドで自発的に動く選手たちを見ながら、しみじみと思った。

「このチームになるのに、25年もかかったなぁ」

1993年に如水館高の前身である三原工業高野球部監督に就任してから、25年のことだった。チームの立ち上げから携わり、ついに、甲子園ベスト8進出も果たした。春夏通算8度出場は、堂々たる強豪校の仲間入りである。

「最初は思うようにいきませんでした。広島商業のときは、最初5種類のサインでスタートすると、1カ月後には8個に増えていました。如水館では、なかなかサインを覚えてくれませんでした。5つあったサインが減っていくような感じでした」

サインだけではない。その真の狙いも理解してほしい。「バントでも、見る側からすると簡単に感じるかもしれません。でも、肝心な場面でのバントは、精神力も頭脳も必要です」。

広島商業の黄金時代は、理解度が抜群に高かった。この頃、迫田はバントを「ツーストライク」からやらせていた。

「そこでスリーボールワンストライクからバントのサインを出したことがあります。すると選手から、『1球待ちましょう』とサインが返ってきました。結果、四球を選びチャンスは拡大しました」

バットの扱いといったメカニックだけではない。そこでサインを出す意図を理解させてこそ、応用が利く。勝負どころで成功させることができる。だからこそ、迫田は選手を型にはめない。自分で考えさせるのだ。

選手の育成にも時間をかける。超高校級の選手を集めることはしない。やってきた選手の適性をつぶさに観察しながら、将来像を描いていく。選手の未来のためなら、大胆なコンバートも厭《いと》わない。

「うちに来てくれた子でチームをつくります。入ってきた選手を鍛えていきます。そして選手が力を十分に発揮することで、中学の指導者の方々も、気持ちよく私のところに送り出すようになっていきます」

内野手だった選手が投手になって才能が開花した。サードだった選手が迫田のコンバートで捕手になりポジションをつかんだ。こんな話は少なくない。

「中学の指導者の方に、『ワシは育てられなかったが、迫田のところに預けてうまくいった』と言ってもらえることがありました。こういうことが、信用になっていくのだと思います。こうやっていると、チームづくりには時間はかかりますね」

2023年1月、プロ野球選手として活躍する坂本光士郎（現・千葉ロッテ）が竹原高のグラウンドにやってきた。如水館時代の教え子だ。迫田が嬉しかったのは、そこだけではない。

「坂本と同期の仲間が来てくれました。その中に、レギュラーにさせていない選手が交じっていました。名前もはっきりと覚えていませんでした」

そういう選手がグラウンドに来てくれたことが嬉しかった。また、よい友人関係が続いていることも嬉しかった。

「監督、僕に子供ができたら野球をやらせたいです」

レギュラーになれなかった選手が、そう言った。まさに、指導者冥利に尽きる瞬間だった。

竹原高の「迫田元年」の卒業生は11人だった。野球を続けたのは3人。残る8人は違った道に進んでいる。野球を続ける3人だけでなく、残る8人がグラウンドを定期的に訪ねてくれる。これこそが、人間的な成長であり、チームの土台になっていくのである。

つくづく、歴史の必要性を痛感する。育成すべきは、目の前でプレーする選手だけではない。迫田の考えをチーム全体に浸透させる。卒業したOBたちが、野球界や社会で活躍する。そのことで、地域の応援が増し、チームに文化が醸成されるのである。

「広島商業のときは、OBのバックアップが凄かったです。対戦相手の試合も見て、情報も提供してくれます。私は、それを鵜呑みにせず参考にします。それも、ただ試合を見ればいいわけではありません。監督である私と同じくらいの野球の見方ができてほしいです。こういう人も育てないといけません。とくに、昔はVTRもありませんでしたから、伝統校じゃないと勝てないところがありました」

甲子園に一度出ることと、それを続けられるチームは違う。迫田が目指すのは、後者である。だからこそ、遠まわりかもしれないが、野球の理解度や人間形成を大事にする。

「歴史がつながらないのはダメです。選手がいいから甲子園に出た。それだけではなく、チームで育てて甲子園に行きたいです。そこにやりがいを感じます。甲子園に出たら、1回戦で負けた、次は2回戦、今度はベスト8、それからベスト4。段階を踏んで、土台のしっかりしたチームをつくりたいです」

年齢のことを考えれば、近道も考えてもよさそうだが、迫田はそこに興味は示さない。

「やはり25年はかかります。そこまで私は生きていないかもしれませんが、その土台はしっかりとやっていきたいと思っています」

強固な石垣を持つ城は、簡単に崩れない。甲子園優勝監督。華麗な「天守閣」のような枕詞がついてまわるが、迫田の真骨頂は、地道な「石垣づくり」にあるような気がする。

「野球ともだち」をつくりなさい

２０２３年春、迫田は選手たちに強調していることがある。

「野球ともだちをつくりなさい」

これは、野球を上達させるために必須だと考えている。監督やコーチの指導はあるが、それだけでは届かないところがある。真に選手の心の隅々まで染み入る言葉は、仲間からのものである。

「友人がいて、良いとか悪いとか言ってもらえることが大事です。力の足りない部分を自分でわかっていない選手が多いです。バットを振る、投げる、個々の技術があっても野球頭を使っていない人が多いように感じます」

23年3月の練習試合である。２対１で竹原高はリードしていた。9回裏、ここをゼロで抑えれば勝利だったが、同点とされ、引き分けに終わってしまった。そのプロセスがよくない。フォアボール、送りバント、同点打。あっという間に追いつかれてしまった。

「あきらかに流れもよくありません。相手の思う展開です。どこかで、守っているショートあたりが声をかけられるようなチームでないといけません。それだけで展開は違ってきます」

監督がタイムをかけられるのは3回までである。選手からの声ならば、回数に制限はない。

しかも、仲間同士の声は心の奥に届きやすい。実際、迫田が選手時代の広島商業高は、そんな声が飛び交っていた。やはり、チームは強かった。

「あの時代は、貧しかったですからね。練習が終わったら、腹が減って、みんなでお金を出し合って安いパンを買いに行きました。それに、甲子園に行けば、後援会やOBの方々が、激励でご馳走を食べさせてくれるのです。だから、みんなの心が一つになりました」

練習中にエラーした選手がいると、グラウンドのあちこちから声が飛ぶ。

「おまえ、甲子園に行って、中華料理食べたくないのか!」

そんな声に奮い立ち、疲れの中にあっても、選手たちは集中したプレーを見せるのだ。

時代が変わり、豊かになった。野球道具に不自由しない選手が多くなった。一方で、野球以外でひとつになれる要素が少なくなった。

「今日、ラーメン行くぞ!」「やったぁー」

そんなチームは強くなると確信するが、野球道具もそうならば、食べるにも困ることが少ない時代になった。だからこそ、迫田は、「野球ともだち」を積極的につくるよう促している。

「野球ともだちがいない奴は、自分がうまいと思い込んでしまう傾向があります。言ってもらえる存在が必要です」

むしろ、迫田は、逆の傾向すら感じている。自分の欠点を指摘されるのが嫌で、人から離れるケースである。こうなると、強い若者は育たない。それどころか、下級生にすら注意できない上級生の姿も危惧している。

ある練習日のことだ。バッティングマシンのボールが残り少なくなっていた。こういうときは、ボールが途切れないよう補給する必要がある。一般的には、下級生が役割を担うことが多い。しかし、ボールが少なくなっても誰も動こうとしない。上級生が注意を促す様子もない。

「こういうことを注意できる上級生でないといけないぞ。言えないでどうする」

迫田は、もどかしかった。むしろ、下級生が上級生を注意するくらいの緊張感がほしいのである。

23年、迫田は思い切って新2年生からキャプテンを選出した。学年ではない。求めるのは、勇気を持って言葉を発することができる人間である。

これまでも、それが言えるチームをつくってきた。グラウンドのあちこちから、注意を喚起する声が飛ぶ。監督は、その光景を見つめる。一日も早く、そんな組織をつくりたい。

「気づいたら、言ってやれぇ」

そんな思いを、選手たちの目の前で伝え、YouTubeでも繰り返し語っていく。

第6章

課題のセンターピンを見つけよ

安打数も、盗塁数も、本塁打数も関係ない。迫田の目指すところは「甲子園での勝利」のみである。１９７３年春の甲子園における江川卓投手攻略は、その白眉であろう。歴代でも最高峰の豪腕投手に対し、「負けない」の一点で、作戦を練った。待球作戦、心理的な揺さぶり、トリッキーなスクイズ。打てない投手からも点は取れる。好投手を攻略できなくても、負けない展開に持ち込むことはできる。迫田は、臆することなく、打ち手を繰り出した。

迫田の凄さは、シビアなまでの課題抽出能力である。野球の試合で勝つとはどういうことか、トーナメントで勝つとはどういうことか。目の前の快速球にも特大ホームランにもひるむことはない。ベテラン監督は、虎視眈々と、センターピンだけを狙ってボールを投げていく。

これらは、ビジネスにも通じることであろう。「野球とは何か？」「トーナメントとは何か？」「甲子園とは何か？」。禅問答のような問いかけを続ける。そこから、おぼろげに「本質」が見えてくる。いずれ、輪郭もはっきりしてくることであろう。

目の前のハードルにひるむ前に、迫田のように飄々と、課題に向き合ってみてはどうだろうか。考えよう。答えは、ある。

変化を見つける平時の観察眼

衝撃的な言葉から始まるが、あくまで例え話である。

「私は、車を運転していても、わき見が多いようです。ドライブレコーダーにも注意されます。わき見と急発進ですね」

名誉のために補足するが、迫田の運転はなかなかに堅実である。かつては、練習試合のため熊本県までの運転も苦にしなかったほどの、車好きでもある。

この話もまた、野球につながっていく。

「如水館高のとき、自宅から学校まで車で通っていました。最後は、県道の坂を上る道です。その道に、木が52本あります。そういうのは、すぐに記憶しました。そうすると、変化に気がつくようになります。あ、この木が枯れている。葉の色が違う。目が向くようになります」

漫然と見ていては、気づかない。何事も同じだ。階段を上れば、何段あったか数えることが癖になっている。相手の腕時計の色が変われば、気づきもする。

迫田は、独特の表現を用いる。「周囲を自分のリズムに入れておくことです。自分のリズムを一定にしておく。その上で、相手のリズムを見ておくことです。そうすれば、変化に気づきます。「おかしい!!」そう思ったときには、投手にウエスト（意図的にボール球を投げさせる

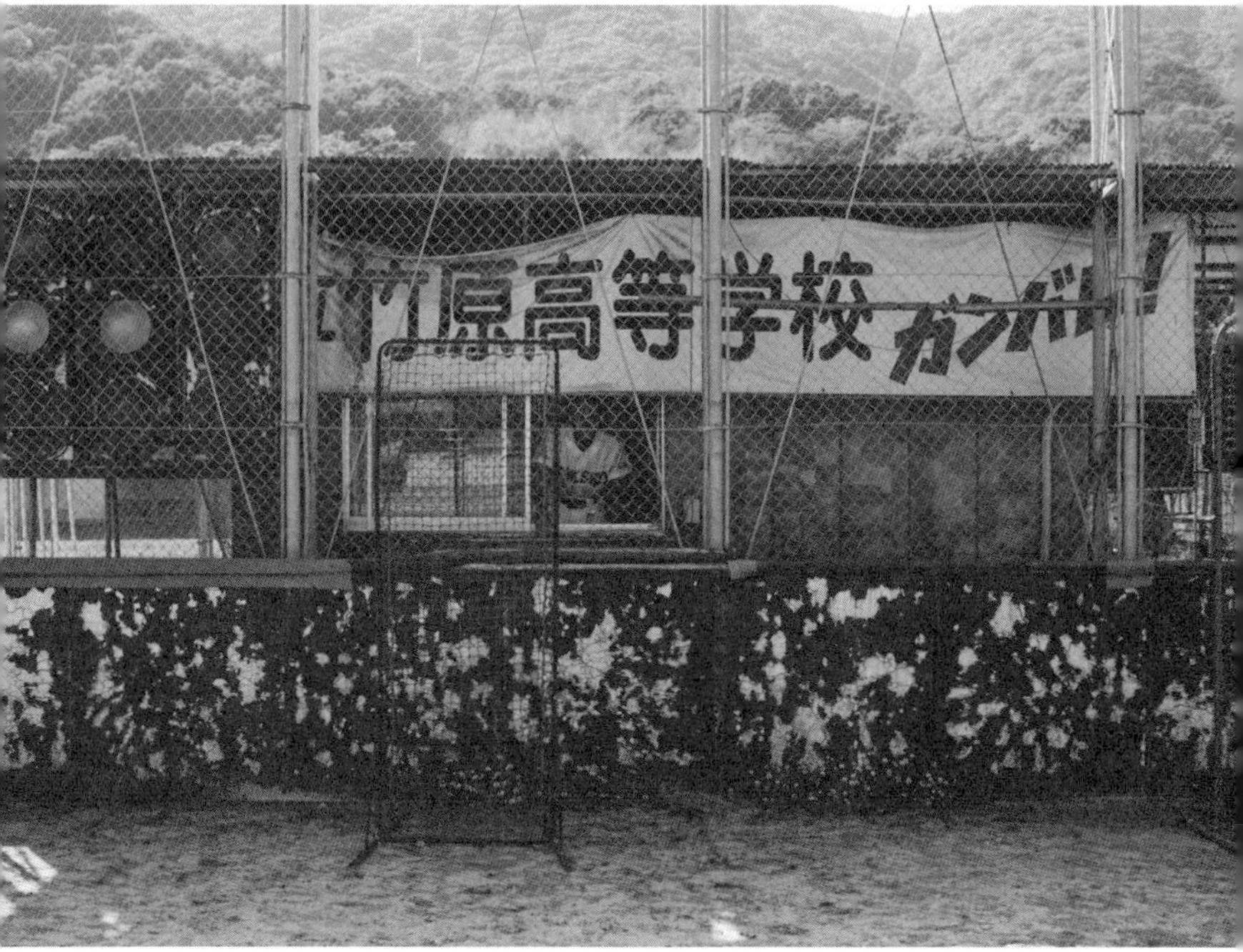

練習では監督室の窓から選手を見ることが多い。グラウンドの隅々まで観察している

こと）のサインを出せばいいのです」。

会心の采配があった。２００６年、夏の広島大会・決勝である。迫田率いる如水館は、右のサイドハンド奥川裕幸の好投もあり、8回まで2対0とリードしていた。対戦相手の崇徳高は、高校通算31本塁打の超高校級スラッガーである井上晴哉（現・千葉ロッテ）を擁する強力打線で優勝候補筆頭だった。

9回表、リードしている如水館は、上位打線にもかかわらず、三者凡退に終わった。迫田が最も嫌う展開である。

「リードしている側は、早く試合を終わらせたい。一方で、相手は反撃へのムードが高まる。気をつけなければならないパターンです」

その裏、崇徳は、四番・井上からの打順だった。期待に応えてヒットで出塁すると、球場の雰囲気は一変する。崇徳は、四球と送りバントなどで一死満塁のチャンスメークに成功した。

如水館は、快勝ムードが「絶体絶命」になってしまった。

崇徳は、逆転サヨナラ、甲子園出場も見えてきた。

崇徳のベンチは、左の代打をスタンバイさせている。しかも、なかなかによいスイングをしている。そこでも、迫田の観察眼は冷静だった。

「いいスイングの選手でした。そこで、考えてみたのです。うちの先発は右のサイドハンドの投手。なぜ、あれだけのスイングをしている選手がスタメンで起用されないのか？　何かがあるはずだ」

迫田は、タイムをかけ、明確な指示を送った。

「ひょっとすると変化球が苦手な選手かもしれない。ならば、ストレートはボールゾーンに投げ、変化球で勝負だ。内野は前進、ホームゲッツーを狙え。変化球に対して強い打球はないだろう」

2点リードだ。前進守備は、すべてを失うリスクもある。しかし、局面での迫田は大胆である。あとは、選手を信じるだけである。

結果は、迫田の目論見通りになった。打者は、変化球を振り、ショートゴロ。ホームゲッツーで試合終了、如水館が甲子園出場を決めた。

「マジック」の一言で済ませるわけにはいくまい。平時の観察が綿密だからこそ、わずかな変化に敏感になれるのだ。そこから、仮説を立て、選手に指示を送る。そこに、信頼関係もあるからこそ、大胆な戦略にも臆病にならずに実行できるのである。

広島商業高や広島新庄高で甲子園出場も果たしている弟の迫田守昭も、尊敬の思いを隠さない。

「その胆力です。兄は動じません。選手を信じて、平常心で堂々と戦う野球です。棟梁としての監督がなんたるものか、兄はわかっているのだと思います。そこまでになるには修練が必要ですし、かなり考えないといけません。想像力が並外れています。僕らは、どこかで『願いながら』野球を進める局面もありますが、兄は違います。平然として、動じることなく試合を進めています。なかなか、ああいう監督はいません」

後年には、こんなシーンも目にしたことがある。0対0で迎えた6回表、ノーアウト一塁だった。ランナーは足が速くない。

「バント」

そんな周囲の予想は覆された。セオリーなら、送りバントであろうが、迫田は、足の速くないランナーに単独スチールを命じたのである。脚力だけではない思い切りのいい性格を計算に入れていた。予想外の動きに慌てたキャッチャーは二塁へ悪送球。そこから、如水館は一気に満塁のチャンスをつくる。こうなると、迫田のペースである。勢いに乗じて、攻めの一手あるのみだ。大会期間中を通じてコンパクトな打撃を徹底させてきた選手に、「思い切って引っ張れ」と指示。結果はタイムリーツーベースだ。相手が落ち込んだところで、仕上げはスクイズ。しかし、奇襲ではない。迫田に「根拠」があり、選手に「信頼」があれば、それは彼らにとっての「セオリー」なのである。

「こういうのは、こわごわやってはダメです。思い切ってやることです。あと、普段の試合でやっても効かないですね。でも、やはり根拠が必要です。とくに、守ることであれば200パーセントの確信がほしいです」

「勘」「ギャンブル」。そんな言葉は似つかわしくない。「マジック」の種は、実に地味なものだった。平時の観察眼である。じっと座っているように見えて、迫田は、ベンチの動きも表情も、定点観測を怠っていない。

大胆采配の根拠は「性格」にあり

夏の広島大会ベスト16を決めた試合は、1点差ゲームだった。ここでも、迫田の大胆な采配が光っていた。

2022年7月21日、竹原高は3回戦で五日市高と対戦した。1回に3点を先制し、竹原のペースで試合は進んでいた。しかし、五日市が猛烈な追い上げを見せる。6回表に1点、8回表に2点を返し、同点。竹原は劣勢ムードに陥った。

3対3で迎えた8回裏、迫田は積極的に動いた。この回の攻撃は二番のエースの新納涼介から始まった。フォアボールで出塁すると、迫田は「初球から盗塁」のサインを出した。見事に新納が盗塁を決めると、後続のバッターがバントで1アウト三塁。そこからタイムリーヒットが飛び出し、竹原は勝ち越しに成功した。

しかし、なぜ「盗塁」だったのか？

打順はクリーンアップに向かう。盗塁にはリスクもある。ランナーは投手の新納である。盗塁は「定石」とは言い難い。

「新納の9回のマウンドのことを考えました。気持ちが乗っている状態で9回を投げさせたかったのです。彼は素材として素晴らしいものを持っていますが、精神的に弱さもありました。盗塁をさせて、ホームベースを踏んで、気持ちを『主役』にしようと考えました。そうすれば、伸び伸びと自分の力を発揮してくれる選手です」

実は、この約2週間前、新納は「野球部をやめる」と申し出ていた。迫田がプレーでの悪送球を指摘したことなどが影響し、ネガティブになっていたのだ。

あらためて、新納に真相を問うてみた。

「全部自分が悪いのですが、一生懸命やっているつもりだったのに監督さんに注意されて、逃げるような気持ちになってしまいました」

しかし、迫田の指摘は、彼の実力に期待を寄せるがゆえのものだった。

「新納は、素晴らしい能力を持っています。遠投105メートルです。脚力もあります。しかし、肩に頼って投げるあまり、コントロールがつかないのです。それと、気持ちの弱さです。

だから、彼にキャプテンをさせてチームづくりを進めていました」

これまでも、大事な場面での悪送球があった。それだけに、迫田は改善を強く求めたかったのである。

7月4日、新納はメールで「野球部をやめたい」と伝えている。一世代前では考えられない展開だったが、ここから迫田は粘り強く気持ちを伝えた。お互いがメールを交わすこと合計13通、やりとりは23時間に及んでいる。

翌日、新納は仲間たちと迫田を訪ねた。「新納やチームの中心選手がやめるくらいなら、自分が監督を離れる」。迫田は胸のうちを伝えた。

「いや、それは困ります。迫田監督さんは、全日本の経歴もあって、一人ひとりのスタイルを見て指導してくれる人です。そんな人がいなくなったら、後輩たちにも申し訳ないです」

新納らは考えを改め、迫田に謝罪した。野球部は、再出発を切ることになったのだ。

そんなこともあっただけに、新納には前だけを向かせたかった。能力は抜群。二番で、エースで、キャプテンである。どうあっても、チームの大黒柱である。

「盗塁のサインを出したら、自信のある雰囲気でした。彼なら、初球からスタートすると思いました。彼は主役に据えると、存分に力を発揮する選手です」（迫田）

「出塁したら盗塁だと思っていました。サインが出て、やはり自分に期待をしてくれていると

思いました。絶対に成功させようと思いました。自信はありました」（新納）
新納がホームを踏み、4対3。9回表、アウト3つを奪えば、35年ぶりのベスト16である。逃げ切りのマウンドに上がった新納は、堂々としたものだった。
「まったく違っていました。自分でホームインしたことで、乗っていました。ランナー1人は出しましたが、落ち着いてゲームを締めくくってくれました」（迫田）
「全然、気持ちが違いました。自分のところで点を取って、あとは自分のピッチングで抑えようと思えました」（新納）
卒業後も、新納は社会人で野球を続けている。投球も、打撃も、考え方も、迫田との3年間がベースになっている。
「この前、新納と話していたら、私は彼のおじいちゃんより25歳年上だそうですよ。そりゃ、コミュニケーションも難しくなりますよ。今は、あまり怒っちゃいけない時代です。興味を持たせないといけない時代です。ほめながら怒らないといけませんね」
バント、スクイズ、エンドラン……。
迫田を「名将」たらしめるものは、その作戦の妙かもしれない。しかし、その根底には、若者にとことん向き合う心があることを忘れてはならない。

いざ勝負、84歳のスタートライン

竹原での挑戦は5年目に入った。2023年、迫田は、これまでと違った春を迎えていた。前年夏の県ベスト16という結果だけではない。チームが形になり始めたのである。新入部員が最多の24人、チームは41人で構成されるようになった。さらに、コーチの加入だ。補佐役の加入で、迫田の考えはさらにスムーズに浸透するようになる。

「コーチとしてやってきたのは、如水館高時代の最後の代のマネジャーです。1年生13人が寮に入ったもので。そこも見てくれています。寮長兼任です。私と選手のコミュニケーションもスムーズになります。彼の存在は大きいです」

体制の構築に一役買った人物がいる。竹原高校野球部OB会長の宮下昌展である。1956年卒業生であるから、迫田と同世代だ。OB会はボールやスピードガンも寄贈している。寮長兼コーチの加來千宙は、宮下の営む会社〈㈱エムケイ興産〉で雇用している。時間的な裁量も与えられ、野球部の活動も存分にできるようになっている。

宮下が迫田と出会ったのは2019年だった。竹原高野球部は部員確保もままならず、「他校との合同チームを編成する」との声も聞こえ始めていた。

この夏、竹原高は夏の県大会で初戦敗退を喫した。しかも、呉港高に0対17でコールド負け

部員数が41人になり、コーチも加入したチームで、84歳の勝負が始まる

である。この試合を、宮下はスタンドで応援していた。

「ワシら、こんな試合を見たくはないわ」

そして、同じくスタンドで観戦していた監督就任直前の迫田に声をかけた。

「監督!! これは、鍛えがいがあるぞ」

忸怩《じくじ》たる思いを抱えたOB会長は、悔しい気持ちも僅かな望みも、高校野球界の名将にぶつけた。

弱体化しても愛する母校のチームである。宮下は定期的にグラウンドを訪ねた。2カ月もすると、竹原高野球部は変わり始めていた。秋季大会や1年生大会で勝ち始め、練習の密度も濃くなっていた。そして、ある日、迫田の手腕への希望は確信に変わった。

「年に一度、OB会でボールの寄贈に訪れるのですが、この日は雨でした。チームは体育館で室内練習でした。ある選手は、硬式テニスのボールでバッティング練習。ある選手は、トランポリンに立ってバランスを意識しながら練習をしていました。かつては、雨だと練習は中止としたものでしたから。とにかく、迫田監督から中途半端ではない熱心さを感じました。未来に向けてのプランが描けていたのだと思います」

迫田は、OB会に積極的に要望を伝えた。宮下らも、リクエストには真摯に向き合った。バックアップを惜しまない姿勢には、明確な理由があった。

「卒業してから、我々ＯＢがひとつになれない時期もありました。一致団結していれば、状況は違ったはずです。竹原市は観光資源も自然もあり、大きな企業もあります。少子高齢化の中で、交流人口を増やして町を活性化する。そのために、野球は非常に大きなものだと考えます。野球部の灯を消してはいけません」

83歳、ベテラン監督の「本気」が地域のハートに火をつけた。こうなれば、バックアップする側も「本気」である。

実は、一度だけ迫田が宮下に「監督をやめる」と申し出たことがある。練習時間の確保などが思うようにいかず、いら立ちが募っていたのだ。

しかし、ＯＢ会長の宮下は、その発言をすぐに撤回させた。

「その言葉は口にしないでほしい」

宮下の強い姿勢に、迫田は考えをあらため、竹原での挑戦にとことん向き合う決意をした。いかなる状況でも「創意工夫」で道は拓ける。しかも、心強い仲間が増えているのだ。

いつしか、地域全体がひとつの目標に向かうようになった。迫田は、84歳の夏に挑む。もはや孤軍奮闘ではない。命を賭けてのミッションは、すでに穏やかで小さな町の空気すら変え始めている。

まだ見ぬ相手に備えよ

あるプロ野球スカウトとの雑談だった。

「関東に凄い投手が現れた」

「今、プロ野球に入っても15勝するぞ」

1972年夏のことだった。作新学院高のエースとして、高校3年間でノーヒットノーランを9度達成する江川卓である。のちに巨人のエースとして135勝をマーク、20世紀最後の「投手5冠」を成し遂げている。

「打てないかね」

「はい、打てないでしょ」

そこから、迫田は、頭を捻った。といっても、対戦の予定はない。実際、迫田が率いる広島商業が江川と対戦したのは、その8カ月後だ。

「そりゃ、周囲にも言われましたよ。監督、そんなこと考える前に、来年春のセンバツ甲子園に出られるんか？　その前に、県大会や中国大会があるで」

しかし、迫田は「目標」からの逆算ができていた。

「目標は日本一ですから。江川投手に会ったとき、勝てる要素を持っておかないと、日本一にはなれないと考えました。確かに、今の時代の選手にそんなことを言っても、やってくれないでしょうね。センバツ出場も決まっていなければ、江川投手を見たこともないわけですからね」

映像資料やデータがあるわけではない。

「江川は打てない」

この前提から、迫田はアイデアを絞った。スカウトの会話の中にもヒントはあった。好投手である。常に全力では投げてこない。ランナーを出してから、ギアを上げてくるということだった。地方大会でも、各チームは、ランナーを溜めることまではできているケースが少なくなかった。

「うちのチームも弱かったですからね。まあ、打てないだろうと。ひょっとしたら、バントやスクイズもできないくらいかもしれない。そこまで想像しました」

そのとき、閃《ひらめ》いた。

「なら、スクイズで空振りしよう。なんとか、無死か一死で走者二、三塁のチャンスをつくります。そこまでは、チャンスももらえるでしょう。そこで、スクイズを空振りです。そのとき、二塁ランナーが前方のランナーに近づいておくのです。まず、三塁走者は、ホームベース5メートル手前からスライディングして、タッチアウト。少し、インフィールド側でアウトになります。相手捕手は、少しは喜ぶでしょう。そのスキに、後続の走者が追い越して、ホームインです」

このマンガのようなプレーを、毎日1時間練習した。かつ、「逆も真なり」である。迫田は、この場面の守備の練習まで選手にやらせていた。そこまでして完成度を高めていたのである。

秘策である。外部に漏れないよう、万全の配慮をしていた。しかし、高校生だ。完成度が高まると、つい、やってしまう。

「県大会の決勝で、勝手に選手がやりよったです。そりゃ、試合でやりたくて仕方がないわけですよ。練習ばかり毎日1時間やっているわけですから。バカタレ!! って、声をあげましたよ」

ただ、前代未聞のプレーである。審判の頭の中も「?」でいっぱいだ。結局、審判団が集まって協議、後続のランナーが追い越したということで、「アウト」がコールされた。

「よかった。バレなかった」

後続のランナーが追い越してホームインし、選手は喜んでいる。アウトになって、監督がホッとしている。なんとか、秘策は秘策のまま甲子園を迎えることができた。

1973年3月27日、センバツ甲子園が開幕。やはり主役は江川だった。大会1日目第1試合、江川擁する作新学院は、地元の強豪・北陽高（大阪）との対戦だった。1回、江川のボールが唸《うな》っていた。強打の北陽だったが、誰もバットにボールを当てることさえできないまま三者凡退に終わる。

「初めて江川の姿を見ました。相手打者のバットに当たらんのです。3回まで、うちの選手らは、モノも言わないくらいでした。静まり返っていました」

結果は、19奪三振の完封劇だった。

しかし、意気消沈ではなかった。試合が終わると、チームの空気は活気に満ちていた。

「よし、ワシらしか勝つものはおらんで!!」

順調に勝ち上がれば、準決勝で対戦。怪物ぶりを目にしても、広商ナインはひるむことすらなかった。

「結局、監督の仕事は、勝てる要素をいかにたくさん持っておくかです。選手に、勝てる要素を持たせるかです。それを、使う必要はありません。それらを、なるべく少なく出して、また蓄えておけばいいのです」

ならば、あの奇策の練習はなんだったのか……。

当時の野球部の黒板には「江川練習」とメニューが明示されていた。目標は日本一だ。迫田は、そこに向けて、課題のセンターピンを明確にしたのだった。一本のピンを目がけて、部員全員が心をひとつにする。この時点で、1973年の広島商業は、日本一に近づいていたのかもしれない。

目的地を明確にせよ

怪物・江川卓の攻略。迫田野球のハイライトであることに異論はない。1973年のセンバツ甲子園、「高校野球史上最高」の前評判で江川は甲子園に乗り込んできた。

1回戦、北陽高に19奪三振完封勝利に始まり、準々決勝の今治西高戦では、圧巻の20奪三振完封勝利である。

そして、4月5日の準決勝で広島商業は激突した。結果は、2対1で広島商業が勝利する。伝説にもなっている「江川攻略」である。

あれから50年、迫田は、拍子抜けするくらいに飄々と語る。

「あれね、江川投手は攻略してないんです。江川投手は崩せません。まぐれが出るような相手なら、打ち崩せます。私がやったことは、江川投手でなく、相手チームの攻略です。もっと言うならば、崩したのは相手チームのキャッチャーです」

あの試合、迫田に「江川攻略」という概念はなかった。

「いやぁ、無理なものは無理でしょ。それくらい凄い投手でした。とにかく相手に点をやらないことだけを考えていました。それこそ延長18回を3試合くらいやったら、両校勝利になるんじゃないか。それくらいに考えていました」

しかし、「試合の勝利」への執念は凄まじいものがあった。

「1人5球は投げさせなさい。バッターボックスではホームベース寄りに立って、内角の球を投げづらくさせなさい。そして、アウトコースの球をファウルにして球数を投げさせなさい」

5回までに104球、迫田のプランを選手は忠実に実行した。試合は作新学院が先制しながらも、5回裏、フォアボールとポテンヒットで広島商業は同点に追いついた。

そして、高校野球史に刻まれる8回裏である。

「チャンスはくれるだろうと思っていました。でも江川投手は、そこからギアを上げて三振を奪えます。だから、なかなか点は奪えません」

二死一、二塁のチャンスだった。そこで、迫田のサインは「ダブルスチール」だ。無謀にも見える大胆な作戦だったが、そこには根拠があった。

「江川投手は崩せません。でも、相手チームも緊張する場面です。周りが動揺すれば、チャンスは生まれてきます」

大胆なスタートに、キャッチャーの三塁への送球は暴投になった。その間に、広島商業がホームを陥れたのである。

「我々が崩したのは、キャッチャーでした。確かに、怪物といわれた江川投手のチームです。しかし、選手たちは高校生です。何かしらの隙は生まれるはずです。あの場面、キャッチャーは江川投手を助けようとして送球したはずです。三塁でアウトにしたかったはずです。それが、暴投です。実際、江川投手は『(三塁へ) 投げるな!!』と口を開いています」

50年前のことだ。もっとドラマ仕立てに語ることも可能である。だが、迫田はどこまでも淡々としている。決して、手柄を誇ろうともしない。

「江川攻略なんて思っていませんからね。そういう解釈が、少し違います。辛抱強く守って、どこかのほころびを突くことだけを考えていました」

気がつけば、あの「江川作戦(走者二、三塁のスクイズ)」は使わずに、勝利した。ただ、迫田にとって、そこは大きなポイントではない。

「作戦は持っておくことが大事なんです。使わなくていいです。監督としての考えを伝えること、そこから始まると思います。そうすれば選手も、自分で考えて、自分で動くようになっていくでしょう。あの作戦を完成させるまで練習したことが凄いし、自信や誇りになったと思います」

当時の主力選手である達川光男が、あの試合の経験を語ってくれた。

「人間と人間、高校生と高校生。絶対どうにかなる。その思いが、あの二、三塁からのスクイズの作戦や球数を投げさせる粘りにつながりました。戦わずして負けることは、迫田監督の辞書にはありません。執念が運を呼び込み、粘り強い練習が実を結びました。朝5時から夜10時、すべてをかけて必死でやったことはムダではありませんでした。県内一番の投手を打てないと甲子園には行けません。全国一番の投手を打てないと、日本一にはなれません。江川攻略に向けて頑張った時間が、自分たちの財産だったように思います」

この成功に酔いしれないことが、迫田たる所以であろう。あの劇的な野球を再現することなど、いささかも考えていない。

「あれが甲子園です。だから、投手のよいときこそ、捕手。バッテリーがよければ、二遊間。そこまで固まっても、ファーストやサード。ほころびが出ないことを最優先にチームをつくるように意識しています」

迫田の頭には、ドラマなどない。目の前の現実という小さな石を集め、丁寧に石垣を組んでいるだけなのである。

達川光男が語る「迫田の思考法」

どこまでも未来を見据えている。迫田の挑戦に終着駅はない。

1973年、夏の甲子園、静岡高校との決勝戦は、2対2の同点で9回裏まで進んでいた。広島商業高は無死一、二塁のチャンスをつくる。ここで打順がまわってきた達川光男は、送りバントを確実に決める。相手は、次打者を満塁策のために歩かせた。

一死満塁。ここで一本出れば、サヨナラ勝ちで優勝だ。ゲームセットが見えていた。しかし、バントを決めた達川は当然のように「次のこと」を考えていた。

「ここで点が入らなかったら延長戦です。次の準備のことを考えて、水を飲み、レガースを着けながら展開を考えていました」

そのとき、途中出場の大利裕二が2ストライクからのサヨナラスクイズを決めた。劇的なサヨナラで広商は春夏通じて6度目の全国制覇を成し遂げた。しかし、その歓喜の輪に、達川の姿はなかった。

「あ、終わったな。負けんかった」

これが本心だった。それに、次の準備に入っていた達川はベンチから飛び出すタイミングを逸してしまった。

「そんな喜んでいる余裕とかなかったですよ。すぐに試合後の整列ありますからね。対戦相手の静岡高に迷惑をかけるわけにもいきません」

広商は、そんなチームだった。ガッツポーズは禁止。対戦相手へのリスペクトは、絶対に欠かさない。負けても、甲子園の砂を持ち帰ることはない。

過度な喜びは、次なる戦いの隙につながりかねない。心を一定にし、不確定要素を徹底的にコントロールするのが迫田野球である。ストイックすぎるかもしれない。一方で、それほどまでに彼は前を向き、未来に向き合おうとする。

達川が捕手になったのも、迫田の影響があった。

「小学校のときに野球を始めて、一番やりたくないのがキャッチャーでした」と本音を漏らすほどだ。達川の少年時代は、内野手や捕手が中心だった。

運命が変わったのは、高校1年秋だった。当時の捕手である大城登が体調不良で練習を休み、捕手練習に入ることになった。そこで初めてシートノックに加わった。迫田の目に、達川の肩の強さがインプットされていたのである。

そこから2カ月ほどキャッチャー練習をやり、中国大会のメンバー入りも果たした。1回戦の前日には、スタメン起用も伝えられていたが、試合前には発言を撤回。スタメンを外された。

「おまえが満塁でキャッチャーフライを落とす夢を見た。今日はやめておけ」

多感な青春時代である。監督の心変わりに、気持ちが揺れてもおかしくない。しかし、達川には自分のことが見えていた。

「キャッチャーフライが苦手でした。どうしてもうまく捕球できませんでした」

肩の強さで捕手に抜てき、一方で、フライ捕球という弱点でスタメン落ち。迫田は、強みと弱みを交互に見据えながら、選手個々の手綱をさばいた。

むしろ、課題を悟っていた達川も立派である。スタメン落ちに気持ちを切らすことなく、課題克服に労を惜しまなかったのである。

「どうしても目線がブレてしまうところがありました。だから、星や月を見て、目線をブラさないような追い方を練習したものです」

その後、迫田に外野手転向も命じられたが、3年春・夏の甲子園にはキャッチャーとして出場している。その打力と強肩は、武器だったのである。

レギュラー捕手に定着し甲子園でも活躍したが、達川に慢心はなかった。むしろ、課題からまったく目を逸らさなかった。

「やはりキャッチャーフライです。これはプロに入っても苦労しました。高校3年は、エースの佃正樹のおかげもあります。彼は、カーブやシュートが主体の投手でしたから、高いキャッチャーフライは少なかったです。ある種、運がよかったのかもしれません」

達川はプロ野球界を代表する名捕手となった。その源は、強肩やキャッチングだけではない。課題を直視して向き合ったからこそ、15年もプロの第一線でプレーできたのだ。

未来だけを見据える迫田の思考法は、教え子にも着実に受け継がれたようである。

「迫田さんは、本当に負けず嫌いです。高校野球は、ひとつ負けると次がありません。そのために、負けない野球を徹底しておられました。そこに向けて、創意工夫、挑戦あるのみ。迫田さんの人生に不可能という文字はないと思います。如水館高の監督になったときも、すぐに甲子園に行けるチームをつくるだろうと思っていたら、本当に甲子園に出場するようになりました」

迫田は「プラス思考」という言葉を好む。しかし、ここに楽天的な響きはない。強みも課題も、未来を見据えて積み上げていく。各界で活躍する教え子の活躍が、その考えの確かさを証明している。

達川は、恩師が挑戦を続ける竹原高のグラウンドを何度も訪ねている。野球教室も開けば、若者へのアドバイスも惜しまない。

「2022年夏は、竹原高は広島県ベスト16ですか。やはり、不可能を可能にするのが迫田監督です。迫田さんを信じてしっかり練習をすれば、必ず甲子園に行ける感じはします。竹原高が甲子園に出場するようになれば、周囲は驚くかもしれません。しかし、私は、まったく驚きません」

未来を見るのは、若者の特権ではない。83歳、恩師は、まだまだ先を見据えている。教え子は、何も不思議に感じはしない。

第7章

迫田の「死生観」

「人生100年時代」といわれる。その真の意味を、83歳の生涯現役監督は教えてくれる。本人は、そんな大仰なことを考えてはいない。しかし、未来に向けてプランを立て、365日、明日にフォーカスして全力を注ぐ。

2022年、迫田は病床にあった。それでも、本人に動揺はなかった。「時間はかかるが甲子園には行く」「そのために県内でベスト4に入ることができるチームをつくる」「そのために必要な要素をひとつずつクリアする」。

考えることは、ひとつ。一日も早く退院することである。「生きる、死ぬ」ではない。病院を出て、野球を教えるのだ。そう考えれば、監督の健康管理もチームづくりの一環なのである。

余命、平均寿命、そんなことは考えない。「110歳まで生きる」。そんな気持ちで、焦ることなくチームの土台を入念に固める。

「グラウンドの上で死にたい」とは迫田の有名な言葉である。

死ぬことはコントロールできない。しかし、グラウンドに立ち続けていられるかは、本人次第である。野球監督として、求められ続ける必要があるからだ。

迫田は、求められている。そして、グラウンドに立っている。

「いよいよグラウンドで死にたいというのが叶うかもしれない」と真顔で語る。人生の濃度をどこまでも高め、人に必要とされ続ける。

人生100年時代。今こそ、生涯現役監督の話に耳を傾ける必要があるだろう。

病床でも、野球のことを考えていました

2022年3月、迫田は20日間にわたって入院生活を余儀なくされていた。敗血症だった。普段は血圧の高い迫田だが、このときばかりは血圧が低下。一時は集中治療室に身を置くほどだった。シリアスな状況だったにもかかわらず、飄々とした語り口は変わらない。

「自分は事の重大さに気づいていませんから。そうしたら、弟（迫田守昭）が病室に来たので、聞くと、最後かもわからんので面会に来てくれと言われたということでした」

野球のことしか頭にない。前しか向いていない。その考え方は、「本能」レベルにまで刻まれていた。面会に来た弟とも、会話の中身は野球だった。意識が朦朧《もうろう》とするときも、医師や家族に「ここを出せ」と訴えていたという。

「野球のことをやらないといかんのです。如水館高時代に熱中症で病院に運ばれたことはありましたが、あれ以降も、体調には注意してやってきました。長期の入院とか経験したことがな

いんです」

病状は知らない。むしろ、把握できる状況ではなかった。むしろ、彼にとっては「関係がない」のである。チームづくりを前に進めなければならない。頭にあったのは、その一点だけであった。

「ちょっと見せましょうか」

迫田は、Ａ４版の分厚いファイルを書棚から持ってきた。球場のフィールドを模した白い紙には、選手の名前が守備位置別にビッシリと書き込まれている。選手名の横には、適性が○や△で記されている。やや文字は震えているが、大きさは均一で、丁寧に書き込まれている。しかも、記入した日によって、選手のポジションは微妙に違う。

「これ、入院しているときに書いたものです。名前は、入ってくる新入部員の選手たちです」

メモの日付を見て、驚いた。例えば、手元の一枚は3月29日となっている。まだ目にしていない入部希望者の名前もあったはずである。

「そうです。勘ですね。娘に頼んで、選手の身長や体重、プロフィールを資料にして持ってきてもらいました。そこからイメージを膨らませます。体が大きい。スピードがある。捕手の経験がある。そういうことは資料からもわかります。それと、中学時代の出身チームですね。あのチームの監督さんなら、こんな選手を送り込んでくるだろう。あの監督が、このポジション

「ちょっと見せましょうか」と、著者（左）にメモを見せる迫田監督。入院中、まだ見ぬ新入部員も含めた選手の名前を紙に書き、最適なポジション配置をイメージし続けた

で使うからにはこういう選手であろう。そんなことを考えながら、何度もポジションを紙に書きながらチームづくりをしていました。想像だけですよ」

想像だけと侮るなかれ。その背景には、指導者として野球に向き合ってから半世紀以上の経験がある。最近も、目の前の風景と経験が一致した出来事があった。

「セカンド・ショートがゴロをうまく捌けないのです。見ると、守備位置が浅いのです。聞けば、中学時代は軟式野球出身でした。想像通りでした。軟式はボールが高く弾むので、それを嫌って少しでも前で捕球しようとする選手を多く見てきました。彼らには、カープの菊池（涼介）選手を見てごらんとアドバイスしましたね。うまい内野手は、後ろに守っているぞ。むしろ、深い位置から投げられるだけのスローイングをできるようにしなきゃいけないと指導しています」

名前を覚える。特徴を覚えておく。それだけでなく、思い切ってイメージを膨らませてみる。すると、現場での選手の把握は格段にスムーズになる。いい意味で、予想を裏切ってくれる選手もいる。病床の時間にあっても歩みを止めない。夏の広島大会でベスト16の躍進とも、決して無関係ではあるまい。

入院生活は2度に及んだ。4月23日、迫田は2度目の病院生活を終えると、その足でグラウンドに向かった。

「限界を感じることですか？　とくにないですね。最初、歩くのがしんどかっただけで、体に違いは感じません。一時は体重が10キロほど落ちましたが、だんだん体もしっかりしてきました」

ここまで彼を突き動かすものは、なんなのか。

「正直、夏の大会を誰か他の人間に任せようかと思ったことはあります。でも、３年生の最後の夏です。別れるときに、監督が別の人では申し訳がないと思ったので、またやる気を燃やしました」

一気に、甲子園の土が踏めるとは思っていない。ただ、種が蒔けることには確信を持っている。

「私の考えを４人が理解してくれればいいのです。その４人が、次の４人に伝えることです。そして、卒業した彼らが、母校を支えてくれるはずです。そういう伝統ができるまで25年かかると思います。でも、その基礎をつくることはできます」

この年の師走、竹原市内の迫田を訪ねた。早めにバス停を降りると、迫田が歩いていた。

「ちょっと、買い物でした。先に、うちに向かっていてください。すぐ、戻ります」

しばらく背中を目で追ってみた。83歳の迫田は、駆け足で買い物を済ませ、あっと言う間に往復１キロを帰ってきた。

元気があるから夢が追えるのか。夢を追うから元気があるのか。

この「老将」から学ぶべきことは、まだまだ尽きそうにない。

「野球の神様」の正体

80歳を過ぎ、「野球の神様」を意識することが増えた。取材の中でも、言葉として頻繁に登場するようになった。

「野球の神様って、どんな姿ですか？　と聞かれることがあります。でも、姿や形は、わからんのです。ただ、言えることは、私に対して厳しいことを言う存在だということです」

忘れられない原点がある。１９５７年8月20日、夏の甲子園、決勝戦である。18歳の迫田は広島商業の主将として、法政二高と頂点を争うことになった。迫田の役割は、三塁ベースコーチだ。レギュラー選手ではないが、ランナーの本塁突入を判断する要職である。

0対0で迎えた3回裏、広島商業はチャンスを迎えた。一死一塁で、打者がライト線に長打を放った。

「まわれ、まわれ」

迫田は、三塁ベースコーチとして懸命に腕を回した。青信号を強烈に示し続けたのである。

はりきり過ぎた。

腕を勢いよく回すあまり、肝心なタイミングで腕が大きく動かなくなってしまった。グルグル回る腕が、旋回しなくなる。当然、それを判断基準にするランナーは躊躇してしまう。一瞬の減速が命取りになり、あわや、ランナーはホームでアウトになってしまいかねない状況だった。点が入ったからOKというわけではない。迫田は、満員の甲子園で、役割を交代させられた（試合途中でコーチャーに再び就いている）。

「なんでランナーを止めたのか。ベンチで言われましたね。でも、どうこう言える雰囲気ではありません。本当は、力を入れ過ぎたあまり、腕が大きく動かなくなってしまったのです。でも、言えませんよね」

試合には勝った。迫田は、主将として優勝旗を手に場内一周もした。

しかし、あの記憶は消えない。優勝を噛み締めるより、サードコーチャーの記憶が蘇ることが多い。プロ野球の試合を見ていても、サードコーチャーに目がいく。誰もが、腕をゆったりと回している。

「あれから5年間、夢を見ました。言い訳をする自分です」

しかし、元来はポジティブな性格だ。迫田は、痛恨のミスをトラウマに終わらせなかった。あの悪夢を、野球の神様からのメッセージだと受け取るようになったのだ。

「サコ、お前に野球の監督をさせるためにミスさせたんや。だから、失敗はさせたが、試合は負けていない。あそこで負けていたら、監督はできない。試合には勝って、優勝しているだろ。人生を狂わすほどのミスはさせてはいない。でも、同じようなことがないように、野球を厳しくやらないといけんで」

確かに、あの決勝戦で負けていれば、「失敗した奴」という印象になる。でも、優勝旗は持ち帰ることはできた。あのミスは、教訓だったのだ。

あれ以来、試練のたびに、野球の神様を思い出した。そして、前向きに挑んでいく。

「よし、これを乗り越えれば、甲子園に連れて行ってもらえる。ここをうまくやれば、甲子園で勝たせてもらえる」

失敗ゼロを目指す。そのための練習だ。しかし、現実の野球はミスがつきものである。

「監督さん、どんなに一生懸命にやってもエラーすることはありますよね」

かつて、教え子に問われたことがある。のちに頭脳派捕手としてプロ野球でも成功を収める達川光男だ。

「そうだ。だから、エラーがあっても、チームメイトがどうこう言うたらいけん。あいつがいつもやっている練習を見ればわかる。あれは、誰がやってもエラーする打球だ。そう言われるような練習を各自がやればいい。それが、チームワークをつくっていく」

18歳の痛恨は、成長の材料となった。あの日の胸の痛みは、指導者として、チームづくりの指針にもなった。

①一人の失敗を先輩が責めるようなチームにしてはいけない
②失敗しても、周囲が言えないくらいの取り組みを、常日頃からすべきである

あれから66年になる。広商の監督退任もあった。高校野球の現場を離れた18年間もあった。その間、事業がうまくいかないこともあった。強豪校のイメージが強い如水館高でも、立ち上げ期の苦労はあった。近年では、体調を崩しもした。逆境のたびに、迫田は、野球の神様を思い出す。

「わかりました。ここを『チャッ』とやりますので、甲子園に行かせてください。そのように考えています。私自身、もうなんも要りません、野球だけです。経済、家庭、友人、財産、何も望みません。野球だけです。そこだけ『チャッ』とお願いします」

結論めいた話が聞けた。

「野球の神様は存在しますが、実体はわかりません。自分でつくるものだと思います。野球の神様が、許してくれること、怒ってしまうこと。自分が自分に厳しくすること、その判断の基準が、野球の神様なのだと考えています」

逆境や試練が自分たちを成長させる。そこで、ひるむのではなく、チャンスとしてポジティ

ブに立ち向かう。66年の時間が、迫田の考えを熟成させていった。

「最近では、むしろ、何か悪いことないかな。試練はないのかな。探すようになっているくらいですよ」

笑い声で話すが、目は真剣だ。嘆かない。落ち込まない。落胆しない。前進あるのみの時間が、とんでもない境地を切り拓いている。

負けても「飄々」、究極の未来志向

アルプススタンドに帽子を取って一礼すると、駆け足でグラウンドをあとにする。つとめて胸を張ることもなければ、下を向くこともない。表情は、勝っても負けても変わらない。試合に敗れ甲子園を去るときの迫田に、喜怒哀楽を感じたことはない。何歳になっても、体を真っ直ぐに伸ばし、選手の3歩前を小走りする様子は、美しくも感じる。

記者インタビューでは、ミスを指摘することもなければ、過剰に選手を称えることもない。あの語り口で、自らの「棋譜」を説明していく。もちろん、その責任が自分にあることだけは強調するが……。

広島商業高や広島新庄高で甲子園を経験している弟・迫田守昭監督も、その姿には驚きを隠せない。

「ほとんどあんな監督はいないように思います。どんなときも平然としています。よく兄は、あのようにいられると思いますね。真似できません。我々は、練習試合でも勝ち負けに目が行ってしまいます。ごくあたりまえの感覚のはずですけどね」

長女・智子さんが、エピソードを披露してくれた。

「そういえば、マツダスタジアム（広島市南区）での広島大会で、試合に負けた直後の迫田監督がコストコで記者の人とソフトクリームを食べながら話をしていたと。これがＳＮＳにアップされていて、書き込みを見つけて父も私もビックリしました」

ガッツポーズもなければ、目頭を抑えることもない。グラウンドで、選手の肩を抱くようなシーンも記憶にない。余分な心の動きをすべて削り取ったかのような佇《たたず》まいが、強烈な印象を残してきた。

「そう思いますでしょ」（長女・智子）

「ほんと、そこですよ」（弟・守昭）

この話には、周囲も大いに興味を示した。身近な人すら、同じような気持ちを抱いてきたのである。

さて、このときの迫田の頭の中を、聞いてみたい。

「悔しがる？　怒る？　ないですね。負ける試合の多くは、できることができなかったのが理由です。そこを踏まえて、ここからはどうしようかと考えています。ポジションを変えてみよう。他の選手を起用してみて、発奮させよう。この野球は通用しなかった。この選手のつくり方が違っていた。そういうことで頭がいっぱいです。それ以外ないですね」

とことん、ベクトルは未来を向いているのだ。

「そうですよ。場合によっては、試合に負けたあと、学校のグラウンドへ戻って練習もしますからね。次の世代ですよ。次は、お前らが甲子園に行って、勝たないといけんというメッセージですね」

ならば、勝利はどうなのか。その喜びや余韻が、次なる勢いにつながることもあるだろう。

「甲子園で勝ったときですか。もう次の試合のことを考えていますね。宿舎に戻ってやるべきこと、対戦相手の研究、それらがありますから」

甲子園で勝利すると、迫田は、すかさずマネジャーに指示を出す。翌朝のスポーツ新聞を選手に読ませないのだ。

「勝ったあとの新聞は、当然ですがいいことしか書いていません。それを選手が鵜呑みにすると困るんです。妙に『自分たちは強いんじゃ』となってしまいますからね」

負けて落ち込まず、勝っておごらず。次の一手に集中することが、平常心を手繰り寄せる。

そんな迫田の感情が複雑に揺れる試合がある。弟・守昭との兄弟対決である。まずは、2000年代前半の「広島商業対如水館」である。

「私も監督をしましたからわかりますが、歴史もあるだけに、広商の監督の重圧は凄いものがあります。如水館が勝って周囲に祝福されながらも、弟の気持ちになると、喜んでばかりもいられないことがありましたね」

そして、2007年以降の「広島新庄対如水館」である。広商の監督を退任し、広島県北部の進学校で、守昭は挑戦していた。部員17人、練習時間は2時間程度、冬には雪で練習ができないこともある。慶應大、三菱重工広島、広島商業。エリート街道を歩んできた弟にとっては、色合いの違うチャレンジだった。

2016年7月26日、高校野球広島大会・決勝で、広島新庄と如水館が対決した。決勝での兄弟対決は5年ぶりだった。5年前は、弟が敗れている。

試合は5対4で広島新庄が勝利した。兄は最後まで弟を苦しめた。最終回に1点差まで詰め寄り、一死一、三塁のチャンスまでつくったが、最後は併殺打でゲームセットになった。

試合後、印象的な場面があった。迫田兄弟は、一、三塁のベンチ前に立つと、お互いに手を振った。

「悔しい試合でしたね。弟さんに負けて、面白くないでしょ」

そんな周囲の声もあったが、正直な思いは、違っていた。

「そんなのはないですね。弟がいて同じ野球をやっていたら、弟がよくなることは嬉しいことでしょ。雲の上から、両親も喜んでいると思います。親の立場からしたら、『弟に勝たしてやれえや』かもしれませんね。だいたい、私は寒さに弱いです。弟は、毎日車を運転して雪のグラウンドに通っています。たいしたものです。広島県北部から甲子園に出られるようになって、凄いことをやっていると思います」

死闘だった。名将・迫田穆成にも迷いがあった。

「最後、1点差に追い上げて、一死一、三塁です。タイムをかけてもよかったです。それだけでも相手は違ったでしょう。もっと思い切って打たせる方向性を示せばよかったかなとも思いました」

試合後、泣いている選手に迫田は近寄っていった。

「本当にようやった奴が泣いていたから、声をかけました。彼が、あんなに涙すると思っていませんでしたからね。我々からすれば、結果はどうあれ、一生懸命やった奴は、ほめてやるのが一番です」

迫田のウェットな一面は束の間、また、野球を俯瞰して語り始める。

「あのときは、新庄に堀瑞輝（現・日本ハム）がいましたから。うちより強いと感じていました。あの投手のチームなら、甲子園でもある程度勝つだろうと思いました」

未来志向が生み出す「飄々」の境地。それでも、心が揺れる「兄弟対決」。これらが物語るのは、野球の奥深さであろう。

グラウンドの上で死にたい男

衝撃的なタイトルである。2019年、『グラウンドの上で死にたい男～高校野球監督 迫田穆成』（NHK）という番組が放送された。如水館高校監督の退任から、次なる野球人生への第一歩を描いた秀作である。番組制作に携わる人間として、インパクトの強いタイトルだと感じる。当時79歳の迫田に、このタイトルを提案するのは、なかなかに勇気が必要だったであろう。しかし、迫田の受け止め方は違う。

「あれ、ええタイトルですよ。私がね、『グラウンドの上で死にたいです』と言っていたら、それがタイトルになりました。行きつけの喫茶店でも、『それはいいタイトルね』って言われました。グラウンドの上で死ぬのは、本望です。でも、よう考えたら、そのときグラウンドにいる人たちに迷惑をかけるのは申し訳ないですけどね」

リップサービスでもユーモアでもない。迫田は、いたって真顔である。

ただ、強調したいのは、迫田はどこまでも未来志向であること。得意のプラス思考で前だけを見据えていく。その先に、「死」があるというだけなのだ。

「この間からニュースを見ていたら、亡くなった人のニュースが多くて、年齢を見れば82歳とか83歳です。自分と変わりません。死というのは、避けられないことです。でも、今、野球をやっていて自分が倒れる気はしないです。そんなことより、1年後とか3年後を考えてやっています。中曽根（康弘）元・首相が80歳代のときに、3年後のスケジュールまで考えているというのをニュースで見たことがあります。それは凄いことです。自分でもそうありたいです」

まもなく84歳。世間では、人生の軟着陸を考える人も多いだろう。しかし、迫田は違う。完全燃焼。どこまでも、好きな野球を全うしたい一心なのである。

「ノーベル物理学賞の眞鍋淑郎さんですよ。90歳でノーベル賞です。なにより、いい顔をしておられます。あの顔を見ていたら『負けたなぁ』と思います。もっと自分も頑張らないといけません。好きなことをやっているから、あの顔になるのでしょう。嫌なことをやっていたら、あのようにはなりません。最近では、バスケットボールの朝山正悟選手（広島ドラゴンフライズ）です。あの人も、バスケットが大好きなんでしょう。そういう顔をしておられます。私も野球は大好きですから、そういう顔になれるようにしたいです」

　プラス思考で未来だけを見つめる。その先に、「死」があるのは当然だ。しかし、迫田は、それを過度に恐れない。

「グラウンドの上で死にたい」

　まさに、最後の一瞬まで好きな野球に没頭し、未来を切り拓き続ける覚悟が詰まった言葉である。

　これまでの人生の窮地も、プラス思考で乗り切ってきた。広島商業高の監督を退任した後、甘党だったこともあり洋菓子店を営んだことがあった。

「人を雇って、一生懸命働いて。でも、野球ではシビアになれても、商売ではシビアになれませんでした」

　結局、洋菓子店は順調に進まず、経営権を譲ることになった。それでも、迫田は、あっけらかんとしたものだった。

「周囲を恨むようなこともないし、気にもしていません。それより自分自身です。28歳から36歳、本当は世間で一番もまれないといけない時期に、ずっと学生と野球をしていました。そのあたりが、商売がうまくいかなかったことにつながっている気がします。なるようになる。そういう考え方で、いろんなリスクに気がつきませんでした。弟の守昭のように慎重であることも必要でした」

2022年春、迫田は体調不良で入院を余儀なくされた。それでも、気持ちを落とすことはない。

「逆に、健康に用心するようになったから、そういう意味ではよかったと思います。体重が10キロ落ちた時期もありましたが、またよく食べて、毎日歩くことで体もしっかりしてきました。人生で初めての入院でしたが、娘や弟が深刻に受け止めていたくらいで、私自身は自分のことを元気だと思ってやっていますから」

入院、健康、年齢。そんな話題を向けると、迫田の話は、すぐに野球に向かって逸れていく。

「病気がどうこうより、一番の問題は、私と同じ考えで野球に取り組んでくれる4人をつくることです。その4人が、次の4人をつくります。そうやって考え方がチームに浸透して、卒業してもグラウンドにやってきてチームを助けてくれるはずです。そうなれば、甲子園にも行けるはずです。90歳までに甲子園に行けるかもしれません」

野球人生で身につけた「プラス思考」。そのキャリアが年齢で縛られる必要などない。

「このままいくと、グラウンドの上で死ぬというのも実現するかもしれません。楽しみにしています」

極限まで未来を見据える。このことが人生の密度を高めてくれる。生涯現役の男から学ぶこ

「グラウンドの上で死にたい」――その言葉には、最後の一瞬まで好きな野球に没頭し、未来を切り拓き続ける覚悟が詰まっている

とは、野球だけではないようだ。

84歳、尽きぬ闘志

6歳で原爆投下を経験している。古いアルバムをめくると、多くの仲間が亡くなっていることを実感する。原爆や戦争の影響で早くに命を失った人もいる。2023年の夏で84歳だ。天寿を全うした友人も少なくない。

「戦後、貧しかったですからね。身体測定でズボンを脱げない人もいました。なぜかって？パンツが履けない、それくらい貧しかったからです。木を切ってバットをつくり、裸足で三角ベースをやりました。ユニフォームには、チーム名を紙に書いて張っていました。コロッケ代が払えなくて、翌日にお金を持っていったこともあります。パンを賭けてノックで競争したこともありました。負けると、悔しくて。でも、楽しかったですね」

野球が培った友情は、年月で風化するものではない。先日、66年前に甲子園で共に戦ったライバルたちから電話があった。

「ワシと同級生が高校野球の監督をしとるって新聞にあったから。誰かと思ったら、サコちゃんだったよ。でも、1対18の負けとか、ファンが逃げるような野球をしちゃいけんよ。早くチームを強くして、甲子園に出てこいや」

「甲子園の準決勝でジャンケンをしたワシや。ワシらは、あんたが頑張っていると嬉しいのよ。同級生やからな」

同時代を戦い、スポーツで絆を培った仲間だけに、言葉からあたたかみがあふれている。高校野球の現場でユニフォームを着るのは、同世代では迫田だけになった。

22年は体調を崩し入院も余儀なくされたが、迫田に「迷い」はない。

「毎日体をケアしながらですが、野球ができるのは嬉しいことです。それが多少なりとも未来の世代へのプラスになるのであれば、これほどよいことはありません」

周囲も、グラウンドに向かうのを止めることはない。80歳で竹原高の監督になるときには、弟・守昭の言葉が背中を押してくれた。

「それはいいことよ。何もせずに死ぬのを待つより、動けるのならば少しでも動くほうが兄貴にもプラスになる」

1分1秒を大事にする。終わったことにくよくよしない。見据えるのは未来のみ。年齢で可能性を区切ることなどない。人生のゲームセットまで、迫田は打ち手を繰り出していく。

原爆投下、戦後の貧しさ、名門校の重圧。そこから、社会で事業を営む厳しさに、新設校での日々。濃度の高い野球人生を送りながらも、情熱は尽きることがない。80歳で部員11人の竹原高野球部だ。コミュニケーションで魂を伝えようとするが、今度は新型コロナウィルスである。しかし、この苦境も迫田はプラス思考で笑い飛ばす。

「練習が十分にできない時期があって、うちの選手の動きは鈍かったです。でも、他校のチームも多少なりとも動きは鈍くなりますから、同じです。それに、うちはコンディションをどうこうとか言えるチームになっていませんから」

短時間練習、密を避けた分離練習。制約があればあるほど、迫田の「創意工夫」は冴えわたる。バント練習でリズムを教え、ノックを打たせ打撃の感覚をつかませる。ブルペンでは1球1球に問いかけながら、高い意識で投げさせる。もちろん、メールでのコミュニケーションも密ならば、YouTubeでは野球への考え方を説いていく。

ある取材日、突然、雨が降ってきた。練習を続ける選手たちに、迫田は腕を組んだまま何も言わない。自分で考えて、行動する。そのための基準を各自が持っていてほしいのである。

「私の中には基準はありますよ。雨の中練習を続けるかどうかは、甲子園で中断になる強さかどうかです。寒さなら気温5度がラインです。ニューヨークヤンキースの開幕戦は気温5度くらいと聞いたことがあります。それより寒ければ、屋外練習は控えておきます。屁理屈でも構いません。物差しを持っていて欲しいと思っています」

ある瞬間、迫田は声を上げた。

「終わりにしよう。練習を切り上げなさい」

選手たちは、様子を探るようにしながら部室へと向かっていった。迫田はアウトドアチェアに腰かけたまま、無言で空を見つめていた。

途端に雨が強くなってきた。それすらも見越しているようであった。しばらく、空を見つめていた。すると、一瞬、雨が弱くなった。迫田は立ち上がり、軽やかな足取りで帰路についた。観察眼、判断基準、決断、グラウンドでの采配を思わせるものがあった。懸命に今を見つめて、次の一手を繰り出す。これが「迫田マジック」なのである。

ラストミーティング。チームの別れの日、監督から選手に送られる熱い言葉が、テレビや新聞の企画になることがある。迫田なら、どんな言葉を選手に向けるだろうか？

「とくにないですね。やるべきことを一生懸命やるしかないと思いますよ。最後の言葉とすれば、選手に何かを要求すること自体が可哀そうですからね。後悔のないようにしっかり頑張って欲しいという一心です」

いつものように飄々とした答えに拍子抜けした。

迫田が見つめるのは、どこまでも「今」である。昭和、平成、令和。壮絶な現実を生きてきた。しかし、そこに希望があれば、未来は自ずと切り拓かれる。戦後の貧しさも乗り越えた。伝統校の重圧にも負けなかった。難攻不落の豪腕投手も攻略した。新設校の歴史をつくることにも成功した。

おそらく、最後の挑戦だろう。部員11人のスタート、専用グラウンドなし、野球初心者も交じっている。おまけに、人口減少、少子化、新型コロナである。

それがどうした。2023年夏、84歳、迫田穆成は「人生最後のマジック」を繰り出していく。若者の人生も、チームも、地域も変えていく。焦げるような視線で見つめる現実の向こうに、未来がある。

迫田穆成 甲子園 監督成績

広島商業

昭和41年(1966)夏	1回戦	●	1対3	桐生(群馬)	この年はコーチ
昭和44年(1969)春	2回戦	○	12対0	首里(沖縄)	
	準々決勝	●	0対3	浪商(大阪)	
昭和45年(1970)夏	1回戦	○	7対4	秋田商(秋田)	
	2回戦	●	0対1	高松商(香川)	
昭和48年(1973)春	1回戦	○	3対0	静岡商(静岡)	
	2回戦	○	1対0	松江商(島根)	
	準々決勝	○	1対0	日大一(東京)	
	準決勝	○	2対1	作新学院(栃木)	
	決勝	●	1対3	横浜(神奈川)	延長11回、準優勝
昭和48年(1973)夏	1回戦	○	12対0	双葉(福島)	
	2回戦	○	3対0	鳴門工(徳島)	
	3回戦	○	3対2	日田林工(大分)	
	準々決勝	○	7対2	高知商(高知)	
	準決勝	○	7対0	川越工(埼玉)	
	決勝	○	3対2	静岡(静岡)	優勝
昭和49年(1974)春	1回戦	○	2対0	苫小牧工(北海道)	
	2回戦	●	2対3	大分商(大分)	
昭和50年(1975)夏	2回戦	○	11対0	盛岡商(岩手)	
	3回戦	○	5対1	日南(宮崎)	
	準々決勝	○	3対0	中京商(岐阜)	
	準決勝	●	0対4	習志野(千葉)	

如水館

平成9年(1997)夏	1回戦	●	1対3	桐蔭学園(神奈川)	
平成10年(1998)夏	1回戦	△	6対6	専大北上(岩手)	7回裏二死降雨コールド引き分け再試合
		○	10対5	専大北上	
	2回戦	●	3対5	京都成章(京都)	
平成11年(1999)夏	1回戦	●	0対2	柏陵(千葉)	
平成13年(2001)夏	1回戦	○	8対4	金足農(秋田)	
	2回戦	●	3対4	東洋大姫路(兵庫)	
平成17年(2005)春	1回戦	○	5対4	東筑紫学園(福岡)	
		●	2対8	羽黒(山形)	
平成18年(2006)夏	2回戦	●	2対10	帝京(東東京)	
平成21年(2009)夏	1回戦	●	3対9	高知(高知)	
平成23年(2011)夏	1回戦	○	3対2	関商工(岐阜)	延長13回
	2回戦	○	7対4	東大阪大柏原(大阪)	延長10回
	3回戦	○	3対2	能代商(秋田)	延長12回
	準々決勝	●	3対8	関西(岡山)	

迫田穆成　夏の広島県大会　監督成績

竹原

令和2年(2020)	2回戦	●	0対8	広島観音	5回コールド
令和3年(2021)	2回戦	●	5対6	広島観音	
令和4年(2022)	1回戦	○	15対1	千代田	5回コールド
	2回戦	○	6対3	廿日市	
	3回戦	○	4対3	五日市	
	4回戦	●	2対5	崇徳	

*令和2年は新型コロナの影響のため県独自大会

猛烈に「今」を生きているようで、頭の中にいつもあるのは「未来」である。

つくづく、迫田穆成という人物への興味は尽きない。

広島商業高で甲子園全国制覇、如水館高を全国大会常連校に導いた。

そして、79歳で監督退任。長女の住む竹原市に居を移したと聞けば、華麗なキャリアのピリオドだと誰もが思うだろう。

スポーツジムに通い体を鍛え、白い紙を広げては未来の構想を練る。監督人生には、「第三章」が待っていた。地域の人たちに請われ、部員11人の竹原高野球部監督に就任した。そこからチームは強くなり、町は盛り上がる。何より、迫田自身が燃えていた。

人口減少における地域の課題、部活動の諸課題、人生１００年時代におけるシニア人材の活躍。この取材には、昨今議論されているあらゆるテーマが、詰まっていた。地元や学校が抱える課題を解決に向かわせる手腕は、まさに「マジック」である。

スリーバントスクイズ、ツーランスクイズ、盗塁、待球作戦……ほかにも、説明に困るような高度な作戦を、迫田は駆使してきた。その度に、我々メディアは「迫田マジック」と称賛した。

しかし、これらは奇策でも奇襲でもない。正攻法では勝てない状況で、いかに相手の心を揺さぶりチャンスを生み出すか考え抜いてのことなのである。しかも、それらを実行するために、選手たちは基本技術を最高レベルまで高めていた。入念な準備なしに、「マジック」は実行に移せないのである。

瀬戸内の小さな町での挑戦も同じである。コールド負けが続いたチームが勝ち始めると、希望的な声が飛ぶようになる。

「そろそろ甲子園、頼むで」

そんな声に、迫田はブレーキを踏む。

「ちょっと時間はかかります。待っていてください。でも、よいチームにはなってきているので応援をお願いします」

迫田の毎日は、「マジックの種」を仕込む日々である。根拠もなく勝てないことは知っている。偶然の勝利は長く続かない。だからこそ、選手たちにはプレーを基本から徹底し、地域には支える体制の重要さを説く。

ここまで大がかりなマジックは、彼にとっても初めてであろう。広島商業高には１００年を超える伝統があり、如水館高は私学の経営としての方針があった。今度は、80歳代にして、土から耕す必要があるのだ。

しかし、人間社会は面白い。迫田の方針に共鳴する保護者が現れる。我が子が卒業しても、支援は続く。そこに卒業生が加わり、半世紀以上の「迫田門下生」が援軍として加わる。動き出すと、スピードは加速する一方だ。そこに、行政や経済界がスクラムを組めば、「町おこし」の理想的な形になる。

一人の本気が社会を変える。しかも、迫田は高校野球界屈指の名将である。

「そうは言っても、まだですよ。でも90歳までには甲子園に行けるかもしれません」

この言葉だけでも、心の「景気浮揚効果」がありそうだ。

迫田の取材は楽しい。毎回、新しい発見がある。見たこともない練習方法を、何度目にしたことだろうか。

それにYouTubeである。これには度肝を抜かれた。スマホに向かって、80歳代の迫田が、ワンテイクで10分以上を語り続けるのだ。

「はい、どうも!! こんばんは」

定型のあいさつからして、力みも緊張もない。YouTubeだけでなく、メールも駆使する。

しかも、対面の会話と効果的に使い分けているのだから驚きだ。戦前に生まれた男が現代に対応している。迫田の凄さは、ベンチワークだけではない。昭和・平成・令和、それぞれの時代に合わせたアプローチでチームをつくっていることであろう。

25年後に確固たるチームをつくるために、この3年は何をすべきか。夏の大会にピークを持ってくるために、365日はそれぞれどうすべきか。さらに、人生のピンチに陥っても、目標達成の課題と受け止める。迫田はどこまでも「メタ」な思想で日々を生きている。

数年前、迫田の取材にグラウンドを訪ねたことがあった。実は別日に予定していたが、彼の都合で日程変更になったものだった。

この日、監督室の奥には、青いバケツがあった。そこには、真っ赤なカサブランカの花が差し込まれていた。

「あ、これ持って帰ってください。日程が変更になり、そちらのご家族にご迷惑をおかけしましたから」

恐縮しながら持ち帰ると、受け取って数時間たってなお真っ赤な花が元気に開いていた。すべて彼の計算の範囲内のようであった。

取材者でなく、家族。

帰宅のタイミングで、美しさをたたえる花。

やはり、名将は「メタ」の視点で物事を見つめている。

2023年の夏で、84歳。「最後のマジック」と言えば、怒られるかもしれない。なにしろ、「110歳まで生きる」と明言しているからである。

安芸の小京都・竹原市。この穏やかな町で、ドラマが生まれようとしている。数年後、夢が叶ったとき、町の空気は一変するに違いない。

ただし、迫田本人は、飄々とグラウンドに一礼するだけだろう。

竹原高は2022年夏の広島大会で35年ぶりにベスト16入りを果たした。といっても、サクセスストーリーからすれば「道半ば」の感もある。YouTubeも始めたベテラン監督に関心を示すメディアは多かったが、大々的に注目してくれる制作者は少なかった。

私の関心は、結果でなく「迫田の思考法」である。甲子園出場を果たせば話は違うだろうが、この段階で興味を示してくれる人はいなかった。

突然、連絡をくれたのがベースボール・マガジン社の江國晴子さんだった。書籍化は難しいと思っていたときに、「企画書の通りの本を読みたいです」と最高のエールを頂いた。もちろん、制作過程でもプロの視点からさまざまなアドバイスを受けることができた。

さらに、私が勤務する中国放送でも、ラジオプロデューサーの増井威司から、この企画を番組化したいと提案を受けた。『生涯野球監督　迫田穆成～終わりなき情熱～』は、令和4年度文化庁芸術祭賞で大賞の栄誉を受けた。増井との創作の日々は、この書籍の随所にエッセンスとして生きている。

また、表紙を含む写真撮影は、写真家の元圭一さんの力を借りた。2022年日本広告写真家協会APAアワードグランプリ（経済産業大臣賞）受賞。これは後で知ったことで、実は「パパ友」である。渾身の写真は、この書籍を豊かなものにしてくれた。

放送作家で小説家の桝本壮志さんには、解説文をお願いした。同級生で同志がどのようにこの本を読んだのか、誰よりも私が興味を持つところである。

幸せなことに、迫田監督をはじめ、長女・智子さんも好意的に制作に力を貸してくれた。地域の方々のバックアップは、野球部がいかに地元に愛されているかを証明するかのような熱があった。

社内で調整にあたりながら、この書籍の完成を心待ちにしてくれた中国放送スポーツ部長・笠間英紀、コンテンツセンター長・中村知喜の理解にも感謝したい。

普段は多弁な私だが、筆が乗ると無口になる。こんなマイペースを許してくれた家族にも、この本を捧げたい。

あの町から、奇跡が起こったとき、本書を読み返してくれれば望外の喜びである。

「マジックには種がある」

ベテラン監督の生き様が与えてくれるものは、試合の結果だけではない。

坂上俊次

2023年6月

解説

桝本壮志 Soushi Masumoto

ＷＢＣを制した栗山英樹監督が「今も自分の野球のベースになっている」と語った高校がある。本作の主人公は、その学校の選手、そして監督として甲子園で全国制覇を遂げた人物である。

輝かしい球歴や『栗山氏に影響を与えた』と聞けば、さぞ近寄りがたい人物をイメージする方も多いだろう。だが、この老人の正体は、皆さんが本作の序盤で『81歳でYouTuberになった』と知ったときに感じる「へんなおじいさん」でほぼ間違いない。

へんなおじいさんこと迫田穆成監督は、高校野球ファンなら誰もが知る名将だ。全国優勝7

回の名門・広島商業を率いて怪物・江川卓を攻略し、創部から間もない如水館高を甲子園の常連校にのし上げた手腕は『迫田マジック』と称されている。ところがその素顔は、敗戦直後にコストコでソフトクリームを食べたり、選手らにガムを噛ませながら練習をさせたりと奇々怪々。ついにはYouTubeで惜しげもなく自身の戦術や野球観を披露するに至った。

著者の坂上俊次は、この不可思議な83歳の謎解きに挑んでいる。長期取材とインタビューで手繰りよせた点と点は、迫田監督の言動すべてが深い野球哲学に立脚しているという線へつながっていく。

まえがきで明かされる『練習中にガムを噛ませる』という謎が、最近の選手は口呼吸が増えている→大きな力を生むには口でなく鼻呼吸→ガムを噛めばムリなく鼻呼吸に慣れる。という線になったときは思わず唸った。風が吹けば桶屋が儲かるのごとく、予想だにしない入口と出口が随所に登場するのも本作の見所だろう。

また野球本は専門用語が多出し、丁寧に書けば書くほど退屈になりがちだが、スポンジで吸うように頭に入ってくる。これは、著者の本職がアナウンサーであり、野球実況でつちかった端的に描写する技巧の賜物だろう。おそらく著者は音読しながら小気味よい短文を成形しているのではないか。謎を解き明かした線と線が、主人公・迫田監督の痛快な人柄や人間味を浮かび上がらせる面となり、ページをめくるごとに押し寄せてくる。

第1章に入ると、本作を手に取るべきポイントが色濃くなる。なぜ83歳がYouTuberになったのか？　その核心に近づくにつれ、人生100年時代の生きかた、現代若者との向き合いかた、いまだ暴力的指導が頻発する部活動のありかた、はたまた家族の寄り添いかたまで、あらゆる人生のヒントが差し出されていることに気づくのだ。

寿命は延びたがコロナ不況や円安で身は縮こまる。そんな世だ。しかし迫田監督は、90歳までに甲子園の土を踏む史上最高齢の監督になる夢を抱いている。しかも彼は今、4年前は部員11名、コールド負け続きだった無名校の将なのだ。終活でなく高校生と同じ夢を見る部活。そこには長寿時代を軽やかに生きる手がかりがある。

若者との向き合いかたも迫田流だ。昭和・平成・令和で監督業をしてきた彼は、もちろん『鬼教官』が理想とされた時代を知っている。だが潮流を読み『教官タイプ』から『共感タイプ』へと進化させた。選手らとメールでやり取りし、雑談もする。高尚な野球観はYouTubeで語り、就寝時、食事中、通学電車内、好きなタイミングで観てもらう。恐るべき83歳の進化の最終形態がそこにある。

今もニュースで散見されるパワハラを始めとする部活動の諸問題。

迫田監督は対極の指導者だろう。怒ることもなければ強制もしない。監督に意見する権限すら選手に与えている。

この寄稿文を書いている私も、迫田監督の後輩（広島商業野球部出身）なので、幾度となくその指導術は耳にしてきた。「あれをしろ」「これをしろ」とは言わず、「どう思う?」「どうしたい?」。常に選手の声を聞くリーダーだったという。広島商を甲子園に導いたときも、重要な試合前練習にもかかわらず「今さら練習しても上手くはならん」と言ってのけ、なんと補欠全員をグラウンドに招き入れて全部員81名が憧れの甲子園の土でユニフォームを汚したこともあったという。このチームの輪を重んじ、一人一人に敬意を払う精神は、のちに同校の練習に参加した、当時高校生の栗山英樹氏の人格形成にも影響を与えたという。それは、氏が「当時学んだ広商野球は、今でも私のベースになっている」と語っていることからも伺い知れるだろう。

さらに著者は、家族との会話が少なかった高校生が、迫田監督のもとで野球をするうちに家庭での口数がどんどん増えていったエピソードを紹介している。彼の指導の真骨頂は、選手一人一人に敬意を払うのみならず、家族、OB、地域、町、『チームにかかわる全ての人に応援される集団になること』にある。けして容易くはないタスクだが、それさえも『ガムを噛ませる謎』ばりの荒業で具現化。人口2万人強の小さな町が、野球部を支える応援団と化していく姿は本作のハイライトとも言える。

また彼のYouTubeは、すべて実娘をはじめとする家族による制作。何をしゃべる？ 編集は？ テロップ入れは？ 新たな試みが家族の新たな会話を生み、新たな絆になっていく。監督自身が垣間見せる『家族のカタチ』も、本作に心地よいぬくもりを与えている。

読み始めたときの印象と、読み終わったあとに抱く印象がここまでかけ離れる本は珍しい。『へんなおじいさん』は、まぎれもなく誰もが羨む『理想のおじいさん』なのだ。

ある読み手はビジネス書として、ある人は対人関係を豊かにする指南書として、またある人は自己啓発本として読むだろう。それほど本作が持つ表情は多様である。

それを成した、著者・坂上の、点を線に、線を面に、そして人生や社会の課題へと立体化させていく洞察力、構成力は特筆すべきであろう。

最後に、この力作が世に出たのも、すべては『迫田マジック』の手のひらの上にあったストーリーだったのではないか?　と思った。

彼が81歳にしてYouTubeを始めたことも、著者を巻き込んだことも、出版社の触手が動いたことも、私がこうして書いていることも……。そう思わせるほど迫田穆成は、今もなお知将であり、夢追い人である。しかし、そのマジックにまんまとハマってみると、実りの多い『種』を目にすることも確かだ。

その種はこの本の中にある。

迫田穆成　さこだ・よしあき

広島県立竹原高校野球部監督
1939年、広島県出身。広島商高の主将として57年夏の甲子園優勝。66年に同校のコーチ、67年に監督就任。73年春の甲子園で江川卓擁する作新学院高を下し準優勝、夏には優勝を果たした。93年から如水館高の前身である三原工業高の監督に。如水館高を甲子園春夏通算8回出場に導き、2011年夏には8強進出。2019年3月に同校監督を退任ののち、同年7月、80歳で竹原高監督に就任。部員11人からスタートし、22年にはチーム35年ぶりに夏の県大会ベスト16入り。野球の理解度や人間形成を大事にしながら、令和の時代に合ったコミュニケーション法を取り入れて、日々創意工夫、25年計画でチームづくりを進めている。YouTube『迫田監督野球チャンネル』が人気。

坂上俊次　さかうえ・しゅんじ

中国放送アナウンサー
1975年、兵庫県出身。カープ戦通算600試合を中心にスポーツ実況を担当。迫田穆成監督の人生を追いかけたラジオ番組『生涯野球監督　迫田穆成～終わりなき情熱～』では、取材・構成・ナレーションを担当し、第77回文化庁芸術祭賞大賞に輝いた。2020年度JNN・JRNアノンシスト賞テレビスポーツ実況部門最優秀賞、ラジオスポーツ実況部門では3度の優秀賞（04年・06年・19年）に輝く。主な著書に2015年度第5回広島本大賞を受賞した『優勝請負人』（本分社）、『「育てて勝つ」はカープの流儀』（カンゼン）、『惚れる力』（サンフィールド）、『朱に交われば朱くなる』（秀和システム）など。広島県ホッケー協会理事、ちゅうごく5県プロスポーツネットワーク・コーディネーターを務める。ファイナンシャルプランナー（AFP）としても活躍中。

迫田監督と著者

生涯《しょうがい》野球《やきゅう》監督《かんとく》 迫田穆成《さこだよしあき》

83歳《さい》、最後《さいご》のマジック

2023年6月30日　第1版第1刷発行

著　者　坂上俊次《さかうえしゅんじ》
発行者　池田哲雄
発行所　株式会社ベースボール・マガジン社
〒103-8482 東京都中央区日本橋浜町2-61-9 TIE浜町ビル
電話 03-5643-3930（販売部）
03-5643-3885（出版部）
振替 00180-6-46620
https://www.bbm-japan.com/

印刷・製本　広研印刷株式会社

ISBN978-4-583-11590-0 C0075